JN101911

福本賢太
田中祥司 ［編著］

観光ビジネスの新展開

未来を切り拓く旅行会社 New Developments in the Tourism Business
Travel agencies pioneering the future

晃洋書房

まえがき

　観光産業の中核を成す旅行会社，そのビジネス領域は社会変容とともに進展を続けてきた．少子高齢化社会の到来，「Society 5.0」未来社会の姿の実現へむけた変化，これらに対峙する策を講じ続けている．一方，予測不能な事態（新型コロナウイルス感染拡大・世界平和を揺るがす戦況）は観光産業へ負の連鎖をもたらし，旅行会社も取扱額を大きく減少させた．今日，従来型旅行会社の社会的存在意義が希薄にみえはじめてはいるが，社会変容を前向きに捉えながら新たな事業に挑む，未来を切り拓く「開拓期」段階にあると考える．

　執筆にあたっては，主柱とする旅行ビジネスに留まらない，観光ビジネス領域の事業開拓に挑む旅行会社の実態を明らかにすることを発刊の狙いとしている．旅行ビジネスの実務経験を有した研究者を中心に執筆者の陣容を整え，未来を切り拓こうとする旅行会社の実の姿を多くの若者に伝えたいと考えている．

　第Ⅰ部は，旅行ビジネスの原型を概括する．従来型旅行会社を中心に，その仕組みと機能，旅行ビジネスの変遷（国際・国内）など，基本的な知識を記述している．第Ⅱ部では，観光立国推進基本法（2007年施行）以降，ステークホルダー（企業，地域，旅行者）と新たな価値を共創する事業を事例に，旅行会社が有する機能・特性を活かした観光ビジネス領域への展開を考察する．こうした観点に主眼を置くため，旅行ビジネス（海外）への言及は部分的な記述に留めていることを予めお断りしておきたい．

　最後に，これまで旅行ビジネス研究の分野を先導されてこられた本書の執筆者のお一人である小林弘二先生が定年退職を迎えられた（阪南大学大学院企業情報研究科教授・国際観光学部教授）．京都の地を中心に，地道に活動を続けてこられた「旅行ビジネス研究学会（2000年，設立発起人：小林弘二・廣岡裕一・福本賢太）」の開催は137回を越え，旅行ビジネス研究分野に留まらない観光学研究者を多数輩出され，現在もその代表を務められている．これまでの献身的なご貢献に感謝の意を申し上げたい．

　　2023年12月

福 本 賢 太
田 中 祥 司

目　　次

第Ⅱ部　観光ビジネスの新展開

第 I 部
旅行ビジネスの歩み

第 *1* 章

未来を切り拓く旅行会社

1　厳しさ増す従来型旅行会社の経営

　20世紀末，欧米を中心に誕生した旅行会社の新形態OTA（オンライン・トラベル・エージェント，非対面販売）は，「従来型旅行会社」（対面販売中心）のビジネス・モデルに変容を迫ることになる．

　国内OTAでは，「じゃらんnet」（2000年設立），「楽天」（2001年設立）が24時間・365日営業の利便性，低手数料率，ローコストオペレーション（人件費・固定費の低減など）を実現し，情報社会の進展に伴い，その優位性を年々高めてきた．しかしながら，オンラインを中心に廉価なパッケージツアーの販売を手掛けていた「てるみくらぶ（第１種旅行業）」が倒産（2017年３月12日）し，大手旅行会社（JTB・KNTなど）も分社化・経営統合に踏み切るなど，旅行会社を取り巻く事業の環境は厳しさを増している．そのような中，近年の旅行業界や旅行ビジネスをめぐる事業環境の変化を象徴する出来事が起こった．世界で最も古く，名高い旅行会社，トーマス・クック社（1841年創業，英国）が経営破綻（2019年９月23日），旅行業界が大きな変革期を迎えている証左として，従来型旅行会社は大きな衝撃を受けた．

　旅行会社は，その歴史を振り返れば，旅行形態の変容（団体旅行⇨個人旅行），情報社会の到来（対面型⇨非対面型），環境保護への適合（環境配慮型旅行商品の造成）他，社会変容に伴い旅行形態とそのサービスを変容させながら旅行ビジネスの領域を進展させてきた．しかしながら，サイバー空間（仮想空間）とフィジカル空間（現実空間）を高度に融合させたシステムによる経済発展と社会的課題の解決を図ろうとする未来社会の到来が迫るなか，旧態依然の体質から脱却できない旅行会社の淘汰がはじまる様相となっている．

2　未来を切り拓く「3つの力」

1）「イノベーション」を重ね続ける力

　政府は「第5期科学技術基本計画」において，日本が目指すべき未来社会の姿として「Society 5.0」を提唱した.その未来社会の実現にむけて，DX（Digital Transformation）が推進されている.その潮流は観光産業にもおよび，観光庁は「観光DX」を推進，多様なモデル事業の公募を実施し，顔認証・顔パス決済（乗車・施設入場）の導入他，観光DXへの挑戦が全国で展開されはじめている.

　JTBは地域のコンテンツを束ね販路と結びつけるプラットフォーム「JTB BÓKUN」を構築，旅ナカのデジタル化対応を推し進めている.流通の仕組みづくりが遅れていた現地ツアーやアクティビティ商品の在庫・予約を一元管理化，自治体・観光協会・観光事業者・宿泊事業者向けのシステムとして機能提供をはじめている.国内利用者のみならず，海外からも旅マエ・旅ナカを問わず，現地ツアーやアクティビティ商品の予約・購入を可能にした.このシステム導入を図る効果として，商品流通促進や販路拡大による売上高の増加，人件費他コストの削減，外国人旅行者の誘客が期待されている.さらに，JTBは国内観光施設のDX実現を支援する合弁会社（グッドフェローズJTB）を設立，電子チケットの流通プラットフォーム「Tourism Platform Gateway（ツーリズムプラットフォームゲートウェイ）」を構築し，観光チケットのデジタル化による販売機会の拡大と利用者の利便性向上を目指すサービスの提供をはじめている.

　上記に加えてAI（人工知能）の登場は，旅行会社の社会的存立基盤を揺るがす様相となってきた.個人の嗜好や行動スタイルを熟知したAIが旅行先や旅程を提案するなど，豊かな知識・経験を有する旅行会社従業員によるサービス提供が最先端技術（AIを含む）に代替されようとしている.こうした事態は旅行会社に限らない.観光産業界全体に共通する観点であり，社会生活全般がAIの進展と歩調を合わせながら変容しなければならない時代となった.

　「Society 5.0」の未来社会で旅行会社が競争優位性を保持するためには，IT戦略（AIを含む）又それらを管理・運用する人材戦略が肝要となる.旅行会社を利用するからこそ，又有人店舗に来店するからこその価値創造・価値提供に挑まなければならない.多言語翻訳機を有効に活用し，外国人の利用者にもストレスなく対応できるよう，利便性の向上，生産性の向上，業務の効率化など，

最先端技術（AIを含む）の利点を活かしつつ，旅の一連業務（予約・発券・決済）を世界の多様性と価値観に即応できるよう保持しなければならない．旅行会社は「イノベーション」を重ね続ける力が求められている．

2）「価値の創造・提供」を重ね続ける力

　現代旅事情は，旅行先よりも体験にこだわるといわれている．景観をはじめとする観光資源を見るためだけではなく，写真・動画を撮影するという体験のために旅をするのが流行りとなっている．旅の思い出に撮影した写真・動画は，自らの記録に残すだけではなく，SNS（ソーシャル・ネットワーキング・サービス）への投稿を通じ，他者への推奨ツールとして今や広く利用されるようになった．「インスタグラム」を参照し旅行先を探す行為は今や一般化されつつあり，旅の探し方や旅の目的が変容してきている．こうした旅行者の質的変化を的確に捉えながら，旅行会社は時代に見合う価値創造・価値提供へ取り組み続けなければならない．

　多種多様なサービスがデジタルを基盤としたものへ移行されるなか，「デジタル（バーチャル）」の良さを知ったからこそ「アナログ（リアル）」の価値を感じられるようになってきた．デジタルとアナログを切り分けて考えるのではなく，デジタルとアナログをいかに融合させていくのかが重要である．とはいえ，特に観光産業はデジタルの価値ですべてを解決することは難しいと考えられている．アナログ（リアル）が有する独自価値を見出しつつ，新たな商品の造成やサービスの考案に努めなければならない．

　旅行会社が提供するアナログ（リアル）価値の1つに，体験価値（コト）を念頭に商品造成されたテーマ（ストーリー）にこだわる企画旅行商品がある．一貫したテーマを基に，コース内容やスケジュールを精緻に組み立て，旅行者に感動と満足を与える．そのためには，標的市場（ターゲット）を見定め，テーマを熟考，サプライヤー情報を熟知，適正な価格設定された企画旅行の商品化を実現化しなければならない．旅行者自らでは実現し難い，旅行会社ならではの市場創造機能であり，こうした価値の創造・提供を重ね続ける力が求められている．

3）「創造的な人財」を育成し続ける力

　長きにわたるコロナ禍で経営が苦境に陥った旅行会社は，人員削減や採用の

見合わせを実施し，他業界に人材が流出した．コロナ後の今日，旅行会社，ホテル・旅館，航空会社などの観光産業界は人手不足が顕著となり，接遇改善・教育投資などを通じて，観光産業界の将来を担う人財の確保・育成に取り組みはじめなければならない．

　旅行会社は，基本的な機能として代理機能（購買代理と販売代理）を備えてきた．しかし，これら機能は，デジタルを基軸とした新たな仕組みへの変容・進展が求められるであろう．新たな交通機関「空飛ぶクルマ」の登場が予見されるなか，複数の交通機関を最適に組み合わせるシステムの構築などを通じて，「運輸サービス」の代理人的立場から「移動サービス」の主体的立場へ転身し，新たな社会的基盤の整備・運用を担うことも将来的にはあり得ると考えられる．一方，旅行商品造成機能や市場創造機能は人の関与度が高く，創造的な事業領域に捉えられる．旅行ビジネスの本業が不振にあえぐなか，本業以外のBPO（ビジネス・プロセス・アウトソーシング）事業はコロナ禍の市場を獲得してきた．BPOとは，社会・ビジネスで発生する多様な業務を外部にアウトソーシング，業務設計から業務の効果分析，改善案実行による業務効率化までを一括して請け負う事業である．ワクチン接種会場の事務局運営における臨機応変なオペレーション，対人対応能力の高さなどは，これまでの旅行会社（対面的サービス）の業務能力が再評価された形で取り扱いを拡大させた．

　人生100年時代といわれる長寿社会の到来，そして「Society 5.0」の実現にむけたデジタル社会の到来は，旅の質的変化を生み出し，その在り方を多様化させている．健康維持・増進にむけた旅行への参加，認知機能向上にむけたオンラインツアー・VR旅行の活用など，高齢化社会におけるソリューション機能の役割を旅は担いはじめている．旅行先の景観や宿泊する客室の触感をバーチャルリアリティで体験し，旅行先を選択する時代が間もなく訪れるだろうともいわれている．接客サービスのオンライン化をはじめ，デジタル（バーチャル）を基軸とする非対面的なサービス提供が飛躍的に進んできた．多様なデータやデジタル技術を活用し，消費者の視点からどのような価値を生み出せるのかを問い続ける，創造的な仕事に挑む人財を育成し続ける力が求められている．

3　未来を切り拓く「4つの開拓領域」

　旅行ビジネスはJTBを典型としてその一例を見るならば，従来型旅行会社を

中心に，社会情勢・経済動向・人口動態と密接に関わりながら，「旅行あつ旋業」から「旅行業」，そして「総合旅行産業」・「交流文化産業」・「交流創造事業」へ事業領域の変容・進展を続けてきた．

　オンライン・トラベル・エージェントは，24時間・365日営業の利便性を最大の武器に，その優位性を拡大，旅行市場における占有率を高め続けている．「Airbnb（エアビーアンドビー）（米国，2008年8月設立）は日本法人を設立（2014年），新たなビジネス・モデル（シェアリング・エコノミー・ビジネス）を展開，既存旅行会社の脅威になりつつある（安田 2018: 243-251）．情報通信技術の進展に伴う社会変容を受け入れつつ，人でなければなしえない価値提供「実感価値商品（高付加価値化）」造成への傾注など，先進的なデジタル基盤を活かしつつ，消費者視点に立脚した，商品造成・流通ネットワーク構築に挑み続けなければならない．

　その一方で，いよいよ本格的な人口減少社会を迎え，従来型旅行会社の厳しさは深まり続けることが予見されている．旅行会社の未来を切り拓くためには必要であろう，筆者が考える開拓領域をここに4つ示したい．

1）「地域の魅力創造」ビジネスの開拓

　グローバル社会の進展による国際的な人的交流の拡大は，新たな価値創造の源泉となり得る可能性を秘めている．観光立国への動きと歩調を合わせ，訪日外国人旅行者（インバウンド）を標的市場に地域固有の着地型旅行商品を造成する動きが活発化している．

　JTBは国内最大級の遊び・体験の予約サイトを運営するアソビューと包括的業務提携を締結（2015年4月），又じゃらんnetは体験プログラムを予約できるサービスを開始した．近年では，ワーケーションを推進する方針を政府は示し，新たな生活様式に沿う旅行スタイルの普及を促したことを契機に，地域側（自治体・観光事業者など）も受け入れ環境の整備に着手しはじめている．旅行会社は，これまで消費者の視点から地域を目的地（デスティネーション）として捉え，「発地」で旅行商品の造成・販売を中心に行ってきた．しかし，邦人人口の減少に歯止めが掛からない状況下，「発地」に限った事業活動を担う旅行会社は，営業エリア内の人口減少に伴い取扱額の減少が避けられない現実にある．「受地」の事業活動を基軸に加えて取扱額の減少を食い止めていくのか，若しくは，旅行ビジネスとは異なる別事業の活動へ取り組み始めるのか，決断を迫られる時を

迎えつつある.

　着地型観光では,「受地」となる地域が主役となり, 地域の魅力を活かした商品コンテンツを創造していくことが重要となる. これは, 地域側の視点から, 地域が観光客に提供したいものを提供するという, いわゆる「プロダクトアウト」の考え方である. この場合, マスマーケットというよりは地域特性に合わせ, ターゲットを明確化し, 独自性の高い商品が主流となる. 具体的には, 地域の隠れた魅力を発信し, ストーリーとして商品化した体験・交流型のツアーが商品の中心になる (立教 2019: 187). 旅行会社は, 企画造成能力やマーチャンダイジングのノウハウなどを通じ, 邦人旅行者のみならず外国人旅行者を視野に入れた着地型旅行商品の造成, 流通チャネルの最適化を期待されている.

　今こそ「発地」に限った事業活動から脱し,「受地」の多様な事業活動へ視野を拡げ, 観光地域づくり, 商品コンテンツの開発, そして地域交流ビジネスの創出などを手掛けていかなければならない. これまで培ってきた旅行会社の専門的知識を集積し, 旅行会社 (発地型) とDMO・旅行会社 (着地型) の連携を促す他, コンサルティング機能の発揮を目指すべきである. 地域社会に根ざし,「地域の魅力創造」を地域とともに目指す, これからの旅行会社に求められる素養の1つと考える.

2)「観光教育」ビジネスの開拓

　初等教育・中等教育における修学旅行や遠足行事は, 体験を中心とした学習効果を狙い, 多様な形態で実施されている. 自然体験・産業体験・農山漁村家庭への民泊体験・平和学習・環境学習をはじめ, 環境保全・自然愛護・文化財への尊重など学内ではでき得ない実体験が求められている. 将来的には, SDGsや地域探求の要素を加味しながら生徒自らの未来を描く教育プログラム, 修学旅行や遠足行事での実体験が生徒の「生きる力」となり, それが「深い学び」に繋ことを主目的とした内容に変容するであろうと考えている.

　全国の商業高等学校においては, 正課科目「観光ビジネス」(2022年度以降) の開講が新たにはじまった.「教育を通じてより良い社会を創る」という目標を商業高等学校と実社会が共有, 観光立国の流れを踏まえて連携・協同しつつ, 新しい時代に求められる資質・能力を育む「社会に開かれた教育課程」の実現が目指されている (全国商業 2019: 14). さらに,『観光甲子園』(JTB協賛), 全国の高校生が作成した観光動画を競い合う大会は, SDGs時代の観光を探求しつ

つ，日本各地の魅力を伝える事業として，応募校数・応募件数の拡大が続いている．このような観光事象をフィールドとする観光教育の歴史はまだ浅いものの，地域への誇り（地域愛の醸成）・地域への貢献（観光振興）・教育的な効果（観光教育）が期待される，正に実社会が求めている実学教育である（福本 2011: 2）．日本社会の将来を担い得る「有為な人材の育成」を目指し，教育旅行分野の新たな進展を望みたい．

　人生100年時代の到来・デジタル時代の到来は，新たな学びの場を創出しはじめている．学校教育は3段階で構成（初等教育・中等教育・高等教育）され，これまでは若年層の育成を主目的に学びの場が形成されてきたが，中高年層を中心に「生涯学習」「リカレント教育」の場形成が広まる様相が顕著となってきた．実体験を通じて学習効果を狙う修学旅行や遠足行事は，年齢に関わらず，実現可能ではないだろうか．実体験は「生きる力」となり，それが「深い学び」に繋がることから，新たに中高年層を標的市場（ターゲット）に見定めるなど，「観光教育」ビジネスの未開拓分野に挑むことも一案と考える．

3）「おもてなし」ビジネスの開拓

　旅行会社のグローバル事業は，これまで日本を中心に据えて，それぞれの国に対して1対1でアウトバウンドやインバウンドの事業を行ってきた．この従来型の海外拠点を「スター型」とすると，今後求められるのは「ネットワーク型」による海外拠点の経営といえる．「日本発，日本着」という考え方ではなく，「世界発，世界着」を目指すべきである（立教 2019: 171）．

　ツーリズムのグローバル化に対して，旅行会社のビジネス・モデルや戦略も大きな変革を迫られている．大手旅行会社（JTBグループなど）においては，水平統合（展開）や垂直統合など各社の戦略に沿って経営効率を高め，国際的な競争に打ち勝とうと努めている（立教 2019: 169）．こうしたトップダウン型の「グローバルビジネス」に対して，ボトムアップ型の手法を用いて「企業成長力」を高める動きが一方で見られるようになってきた．海外拠点の現地情報力を活かして，旅行ビジネスに留まらない，商社的なサービスを担う旅行会社（エイチ・アイ・ユス）が出現しはじめた．企業と連携し，調査活動事業では，現地調査・現地企業のリストアップ・小売価格調査・市場調査・アンケート調査などを担い，支援活動事業では，現地アポイントメント取得代行・通訳翻訳サービス・テストマーケティング・海外赴任者サービスなどを提供している（安田 2018:

155-156)．また，販路拡大や知名度向上を目指す企業との連携も視野に入れは
じめている．

　旅行ビジネスの原点ともいえる法人営業は，歴史上の講・参拝団体の手配・
斡旋をはじめ，近代旅行業の基本機能の要となるノウハウ・スキルを蓄積し，
旅行業がビジネスとして成立していく過程で大きな役割を果たしてきた（立教
2019: 130)．例えば，社員旅行・報償旅行・視察旅行・販売促進旅行の他，出張
関連業務の効率化・合理化，出張コストの抑制・削減，危機管理を総合的に取
り扱う「BTM（Business Travel Manegement)」，「福利厚生事業（アウトソーシング・
ビジネス)」，「MICE（マイス)」など，法人顧客（企業・学校他）の「課題解決（ソ
リューション・ビジネス)」に資する事業を主領域としてきた．しかし，法人顧客
の「グローバル化」に対応する領域は開拓の余地があると考えられる．

　人工知能（AI）が言葉の壁や文化の違いを将来的には解消するともいわれる
が，異国間に生じる文化の差異（言語・情報・慣習・食など)，これら障壁を緩和
する海外拠点のスタッフ（有能な人的資源)，そして拠点の立地，これらの資源
を活かす新たな事業に取り組むべきではないだろうか．誠実性・確実性・安全
性・緻密さなどのソフト面を強調した「おもてなし（日本流サービス提供)」を売
りに，異国間の架け橋を担うサービス提供事業者の需要は，人的交流領域に留
まらず，商的交流領域（日本企業・外国企業・多国籍企業）への対応においても，
今後ニーズは高まるものと考えられる．「世界発，世界着」の人的交流，さら
には商的交流への貢献を目指し，異国間に生じる文化的な差異の緩和を実現す
る「おもてなし」ビジネスを開拓する先導者的な役割を期待したい．

4)「異文化仲介」ビジネスの開拓

　旅行会社は，交通機関・宿泊機関をはじめとする旅行サービスの提供者であ
るサプライヤー，そして消費者である旅行者の間にあって，それぞれのニーズ
を調整し適切に結び付ける機能と社会的役割を担っている．

　これら機能と役割を商品化したものがパッケージツアーであり，そこには旅
行会社によって与えられたテーマやシナリオが加わり，個人では実現できない
価値を提供することを可能にした．海外旅行の自由化とともに，至れり尽くせ
りのフルパッケージ型商品，スケルトン型商品，高級商品，SIT商品，メディ
ア販売商品他，さまざまな商品形態を生み出し，旅行の楽しさを開発・創造し
てきた．旅行会社側のイノベーションによって高度化してきた（立教 2019: 36)．

　また，「旅の楽しさ」「交流の意義」「旅行体験の素晴らしさ」を社会に提示し，手軽に享受することができる仕組みを提供してきた．まさに，旅行業の社会的存在意義を確実にした時期といえる（立教 2019: 37）．

　旅行会社は，異文化環境の楽しさを増幅させる「文化の仲介者」という原点に立ち返り，本来の社会的役割・社会的存在意義を再確認すべきと考えている．「国」「地域」，個々が有する固有の文化，その差異価値をお客様に実感いただく場の提供，さらには，相互交流を楽しむ場の形成など，旅行者自らの力だけでは実現し難い価値を生み出していかなければならない．現地旅行会社（海外）との綿密な連携を通じ，異なる文化に生ずる差異価値を実感いただく「異文化仲介」ビジネスの開拓・深化へ挑み続けるべきではないだろうか．

注

1 ）　内閣府によればソサエティ5.0（Society 5.0）は「狩猟社会（Society 1.0），農耕社会（Society 2.0），工業社会（Society 3.0），情報社会（Society 4.0）に続く，新たな社会を指すもの」とされ，「第5期科学技術基本計画において我が国が目指すべき未来社会の姿として初めて提唱」されたものである．具体的には「サイバー空間（仮想空間）とフィジカル空間（現実空間）を高度に融合させたシステムにより，経済発展と社会的課題の解決を両立する，人間中心の社会（Society）」とされる（日経Ｈ R 2021: 81-82）．

2 ）　経済産業省は2019年に発表した「『DX推進指標』とそのガイダンス」で，「企業がビジネス環境の激しい変化に対応し，データとデジタル技術を活用して，顧客や社会のニーズを基に，製品やサービス，ビジネス・モデルを変革するとともに，業務そのものや，組織，プロセス，企業文化・風土を変革し，競争上の優位性を確立すること」と定義している（日経Ｈ R 2021: 153-154）．

参考文献

JTB100周年事業推進委員会編纂（2012）『JTBグループ100年史 1912-2012』ジェイティービー．

JTB総合研究所HP「観光用語集」〈https://www.tourism.jp/tourism-database/glossary/pex/〉2023年4月10日アクセス．

全国商業高等学校長協会 商業教育対策委員会編（2019）『新高等学校学習指導要領の実施に向けて――教科商業科に関する一問一答集――』全国商業高等学校長協会・商業教育対策委員会．

旅の文化研究所編（2011年）『旅と観光の年表』河出書房新社．

日経Ｈ R編集部編（2021）『日経キーワード 2022-2023』日経Ｈ R．

福本賢太・宍戸学・吉田常行（2011）「「観光甲子園事業」の成立過程と現況」『観光ホス

　　　　ピタリティ教育』第 5 号，日本観光ホスピタリティ教育学会.
安田亘宏・中村忠司（2018）『旅行会社物語』教育評論社.
立教大学観光学部旅行産業研究会編（2019）『旅行産業論改訂版』日本交通公社.

第 *2* 章

旅行業の仕組みと機能

1　旅行業の構造

1）旅行業者の提供するサービス

　旅行業の仕組みを考えるにあたって，旅行業者の提供するサービスとは何か，を把握しておかなければならない．旅行業者は，「仲介者」の立場にある[1]といってよいが，旅行業者の提供するサービスは，仲介であるといい得るのか．旅行業が形成されてきたこれまでの過程から，仲介が旅行業者の提供するサービスの1つと捉えられるが，現在では仲介のみが，旅行業者の提供するサービスであるとはいえない．それについての経緯は，次節の「2　旅行業の発展」以下で詳説するが，まずは，現在の旅行業者の提供するサービスについて，おおよその要素を，旅行商品を見ながら確認する．

　一般に，サービス商品は，いくつかのサービスが組み合わされて構成されているサービスパッケージであると捉えることができる．つまり，それは，「顧客に提供される関連したサービス項目のセット」（ノーマン 1993: 88）である．そして，そのサービス商品は，中核となる機能であるコアサービスと副次的なサービスではあるが商品の特性を引き出すサブサービス，そして，以上の定常業務に含まれるサービスのほかに，定常的な仕事の流れを乱すような攪乱要因に対応するコンティンジェントサービスなどから構成されている（近藤 1999: 119-127; 近藤 1991: 95-98）．

　「サービス商品」の1つといえる「旅行商品」[2]には，旅行にかかわって提供されるサービスがパッケージされている．しかし，「旅行商品」で提供されるサービスは「旅行業者の提供するサービス」とイコールであるわけではない．それはつまり，いまの日本の旅行業を取り巻く環境において，旅行業者の役割が「仲介者」であることに起因しているのだが，サービスのすべてを旅行業者自らが提供しているわけではない．「旅行商品」にパッケージされたサービスのそれ

ぞれの要素は，複数のサービス提供者によって提供されている．

　このような「旅行商品」においてコアサービスは，何と捉えればよいか．コアサービスを「顧客は提供されたサービスへの支払いを拒否でき，また払戻しを請求できる」（近藤 1999: 120）対価性のあるものと考えた場合，「旅行商品」のコアサービスとは，「移動」，「宿泊場所の提供」，「食事の提供」，「観光対象の提供（観光施設入場そのものや見世物を示すこと）」であると考えられる．

　サブサービスには多くのものがあるが，航空機の移動に伴う「機内食」，宿泊機関における各種「アメニティ」，「サービスの提供を受けるために必要な手続」，「円滑な旅行の実施を確保するための指示」等があげられる．

　また，コンティンジェントサービスとしては，「異常事態発生時，事故や病気における対応」，「変更を必要とする場合の代替サービスの手配およびその提供を受けるための手続」などが考えられる（廣岡 2007: 40-41）（図2-1）．

　このように「旅行商品」をみると，「旅行商品」を構成する要素の中でコアサービスとよべる要素は，いずれも，旅行業者が，自らサービスを提供するものでない．しかし，「旅行商品」の要素の中にも，旅行業者が，自ら提供するものはある．それは，「手配・予約」と「統整」である．しかし，これらは，サブサービスあるいはコンティンジェントサービスと捉えられるため，それのみではなかなか対価性が認めにくい．

　「手配・予約」は，「仲介者」としての旅行業者にとっては，わかりやすいサー

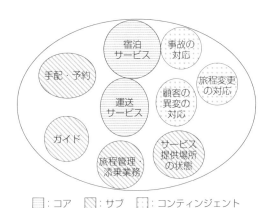

□: コア　▨: サブ　□: コンティンジェント

図2-1　旅行商品

出所：筆者作成.

ビスである．しかし，旅行する目的は，「手配・予約」をすることではなく，そのために対価を支払っているのではないため「旅行商品」パッケージ全体からみれば，「手配・予約」は，主観的には小さくみえる．だが，「手配・予約」ができていないと，「旅行商品」パッケージの中でもコアサービスとするサービスが提供されない．すなわち，「手配・予約」は，当たり前のサービスであるため，はっきりとした認識がなく，提供されない場合にはじめて，これが旅行業者に対する対価のサービスであると認識される．このことから「手配・予約」は，隠れたコアサービスであるといえる（廣岡 2007: 44-46）．

　一方，「統整」は，筆者が創出した概念である．「旅行商品」の各要素は，それぞれ独立してオペレーションを行っているため，それぞれの要素が相互に適切に作用するために，何らかの操作が必要になる．筆者は，その操作をまとめ整えるという意味で「統整」という概念を創出した．こうした，旅行業者が自ら提供する「統整」サービスの例としては，「異常事態発生時，事故や病気における対応」，「変更を必要とする場合の代替サービスの手配およびその提供を受けるための手続」などといったように，「旅行商品」パッケージの中でコンティンジェントサービスと捉えられるものがあげられる．さらにそれらに加えて，「サービスの提供を受けるために必要な手続」「円滑な旅行の実施を確保するための指示」「旅行の目的地，旅行日程，旅行行程，旅行サービス提供機関の選定等に関する合理的な判断」といったサブサービスや「旅行商品」システムの要素相互の価値を高める旅行企画や「旅行商品」の説明も「統整」サービスとすることができる．

　この「統整」サービスの中でも，サブサービスと捉えるものは，あらためて対価性を認識されることは少ないし，あって当たり前，あるいは，うるさがられるようなものもある．また，コンティンジェントサービスにあたるサービスは，撹乱要因が発生しなければ必要とされない．しかし，特にコンティンジェントサービスについては，撹乱要因が発生したならば，顧客はなぜ旅行業者に旅行代金を払い，旅行業者は何のためにあるのかを覚ることになる．すなわち，これらも，隠れたコアサービスあるいは隠れたサブサービスといえる（廣岡 2007: 42; 46-52）．

　「旅行商品」のなかで対価性が認めやすい「移動」，「宿泊場所の提供」，「食事の提供」，「観光対象の提供」といったコアサービスは，旅行業者が，自らサービスを提供しているのではないため，ここに「旅行業者不要論」が唱えられる

図2-2　旅行業者の提供するサービス

出所：筆者作成.

余地がある（図2-2）. しかし, 旅行業者においては, その提供する「隠れた」サービスにこそ対価性のある価値が存在するのである.

2）旅行業の原型

　日本の旅行業は, 1976年までは, 日本標準産業分類にあっては「運輸に付帯するサービス業」という分類であった（山口他 1997: 65）. 日本の旅行業は, 運送機関の乗車券類の代売など, 運送機関の補助的な役割から始まったのである（長沼 1997: 62）. それゆえ, 日本の伝統のある旅行会社は, 鉄道会社の系列が多い. これらの会社では, 鉄道の駅の案内所で乗車券類の販売や旅館の斡旋が主な業務であった（トラベルジャーナル 1996: 32）. そのことからも, 日本の旅行業の原型は, 旅行（消費）者と運送機関, 宿泊機関との間での仲介業務がその原型といえる（山口他 1997: 69）.

　したがって, 旅行業のビジネスモデルの原型は, 図2-3のように, 旅行者と鉄道会社をはじめとする運送機関や旅館等の宿泊機関などの旅行サービス提供機関の間に立ち, それぞれから手数料を収受して利益を得ることにある. 例えば, 1万円の宿泊料金である宿泊施設であれば, 宿泊機関は1000円の手数料, 旅行者は500円の手数料を支払い, 旅行業者は1500円の収益を得ることになる.

　旅行業者は, 取り扱うこの仲介行為により, 旅行者と旅行サービス提供機関のそれぞれから手数料という対価を得るが, それには価値がなければならない.

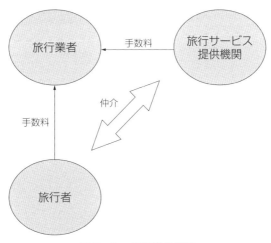

図2-3　旅行業の原型

出所：筆者作成.

では，その価値とは何であるのか．それは，旅行者にとっては，手配という作業に対する手間に対する対価である．そして，旅行サービス提供機関にとっては，提供するサービスの販売に要する一連の事務の旅行業者による代替である．

　そのため，これらの手数料は，その価値の評価によって変動する．上記で，1万円の宿泊料金である宿泊施設の例をあげているが，旅行者の支払う手配料金（旅行業務取扱料金・本例の場合500円）については，旅行業者がそれを設定しても旅行者側がその価値を認めていない場合は，旅行者は当該旅行業者を利用しない．そのように旅行業者が判断したなら，旅行業者は，それを収受しないこともある．また，旅行サービス提供機関が旅行業者に支払う送客（販売）手数料（本例の場合1000円・実際は宿泊代金から当該手数料額が相殺される場合もある）も同様で，当該旅行サービス提供機関において，その旅行業者に対する依存度が高いと手数料率は上がり，依存度が低いと手数料率は下がる．

3）流通の複雑化

　前述の「1）旅行業者の提供するサービス」で述べた「旅行商品」を，旅行業者が旅行者と宿泊機関との間で直接手配する場合は，「2）旅行業の原型」で述べた旅行業のビジネスモデルの原型通りとなるが，実際の旅行サービスの

流通はより複雑化する．なお，ここで「流通」と表現しているが，ここでの流通される対象は，運送機関や宿泊機関等によって提供される「旅行サービス」である．もちろん，この「旅行サービス」の流通はモノではないので，流通過程おいては，目に見えるものではなく，その「旅行サービス」の提供を受ける権利の概念の移転である．「1）旅行業者の提供するサービス」では，「旅行商品」において旅行業者が，自ら提供するサービスは，「手配・予約」と「統整」と述べたが，「旅行サービス」の「流通」を成り立たせることが「手配・予約」というサービスを形成することになる．

　「旅行商品」は，図2-3のビジネスモデルの原型で示された1つの「旅行サービス」のみで構成される「旅行商品」だけではなく，いくつかの「旅行サービス」が組み合わされて構成される．そこに旅行業者が自ら提供する「統整」サービスが加わる．複数の「旅行サービス」で構成される「旅行商品」においては，それぞれの「旅行サービス」ごとに「流通」があり，それが，旅行業者において集約され「旅行商品」となる．これは，あらかじめ1つの「旅行商品」とすることが意図されたパッケージ旅行のみならず，旅行業者と旅行者との間で1つの「旅行商品」となる「旅行サービス」群も同様である．そして，旅行業者と旅行者との間においてもその「旅行商品」の「流通」過程があることもある．

4）流通各部における機能と事業分野

　「3）流通の複雑化」では，旅行業者の機能としての「手配・予約」を形成していく「流通」について述べたが，ここでは，その流通各部の機能とそれを掌る事業分野について説明する．「旅行商品」によってその流通過程はさまざまであるが，大観すると図2-4のようになる．流通各部は，旅行業者内でそれぞれ所管部署があることもあるが，多くは，別会社化，外部化されている．

　以下では，「旅行商品」の流通過程における各部の機能を図2-4に示された事業分野ごとに説明する．図2-4の流通の流れは，パッケージ旅行における流通形態の典型といえるが，それ以外の「旅行商品」にも適応する．もちろん，パッケージ旅行を含むすべての「旅行商品」が，各機能すべてを経由するわけではない．

　まず，「旅行業者（ホールセーラー）」を中心に据えて，流通をみることとする．なぜなら，パッケージ旅行においては，ホールセーラーにおいて，旅行素材（旅行にかかわるサービス）が集約され，ここで1つの「旅行商品」として形造られ

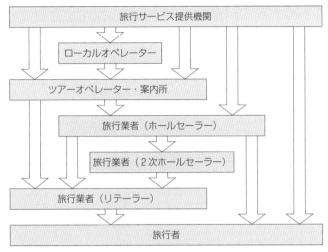

図2-4　旅行商品の流通

出所：筆者作成.

るためで，ここより上の川上が「旅行商品」ができるまでの過程，ここより下の川下が「旅行商品」ができて，旅行者に届くまでの過程となる．パッケージ旅行以外の「旅行商品」においては，ホールセーラーとはいわなくとも，この位置にある旅行事業において，「旅行商品」が形成される．つまり，「旅行業者（ホールセーラー）」は，旅行業者の「手配・予約」と「統整」機能を発揮して「旅行商品」を形成する核となる事業である．

　次に，「旅行商品」ができて，旅行者に届くまでの川下の各事業について述べる．

　「旅行業者（リテーラー）」は，造成された「旅行商品」を旅行者に小売りする旅行事業である．ホールセーラーで造成された「旅行商品」が，リテーラーを通じて販売されると，そのリテーラーには，ホールセーラーから販売手数料が支払われる．パッケージ旅行の場合は，その「旅行商品」が，パンフレットなどで視認化できるため，そのパンフレットの流れが，「旅行商品」の流通にリンクする．なお，ホールセーラーは，通信販売などパッケージ旅行を販売する場合，リテーラーを通じず販売することがある．あらかじめその前提で造成されたパッケージ旅行は，リテーラーへの販売手数料は計上しなくてもよいが，当該商品を旅行者に認知してもらうための広告が必要になる．ホールセーラー・

リテーラーという表現は，パッケージ旅行におけるものであるが，パッケージ旅行以外の「旅行商品」においても，旅行素材の仕入力の強い旅行業者がホールセーラーの立場に立ち，そこから供給を受けた旅行業者がリテーラーの立場で，旅行者に小売りすることもある．

　「旅行業者（二次ホールセーラー）」は，「旅行業者（ホールセーラー）」と「旅行業者（リテーラー）」の間に位置してホールセーラーで必要な「旅行サービス」がほぼ組み合わされた半製品の「旅行商品」をユニット商品として仕入れ，それを二次ホールセーラーの販売機能を用いて完成した「旅行商品」として，販売するものである．これが，パッケージ旅行である場合は，二次ホールセーラーの商品名をつけられる．「旅行商品」におけるOEM（Original Equipment Manufacturer）といってよかろう．

　つづいて，川上の各事業について述べる．

　「ツアーオペレーター」は，特に，海外における地上手配を行う．そのため「ランドオペレーター」ともよばれる．日本からの海外旅行には，原則，航空機と目的地での旅行サービスの手配が求められる．このうち，目的地における旅行サービスの手配は，日本から直接行うと，言語，商慣習の違いや費用の面で困難がある．そのため，「ツアーオペレーター」が旅行業者に代わって手配代行をする．大手旅行業者においては，系列会社を含めて自社で行うこともあるが，その場合も組織内においてこのような事業を行う部署をもって旅行素材は流通する．当該目的地に対する手配力の弱い旅行業者においては，海外の地上手配は，「ツアーオペレーター」を介することは避けられない．旅行業の機能の1つとして，旅行者，旅行サービス提供機関それぞれに対する相手方への「保証」（国際観光 2005: 34）があげられるが，このような旅行業者は，目的地の旅行サービス提供機関に対して信用が弱く，旅行業者が直接手配しても，現地旅行サービス提供機関は，支払い等の面で不安がでる．したがって，継続的な取引のある「ツアーオペレーター」を介することで，現地旅行サービス提供機関は，安心して当該旅行者を受け入れられるのである．

　さらに，「ツアーオペレーター」といえども，顧客が手配を求めるすべてのニーズに応えられるわけではない．通常，「ツアーオペレーター」は，発地国である日本と，現地目的地の双方に事業所を持ち，日本側では旅行者の集客活動を旅行業者に対し行い，現地側では個々の旅行サービス提供機関の手配やガイド，旅行者のアテンドなどを行う．「ツアーオペレーター」の手配地域は，概ね国，

地域単位であるが，旅行業者，旅行者が求める手配対象は，当該国，地域の中でも特定の場所が中心となる．そういった，手配依頼が多いところは，「ツアーオペレーター」の手配能力が高められているが，手配依頼が少ない場所では，「ツアーオペレーター」の手配能力では及ばない場合がある．その場合，当該地に特化した「ローカルオペレーター」に手配の再委託をする．

　以上は，海外旅行の場合であるが，国内旅行においても，中小の旅行業者は，手配能力や信用が劣るため「案内所」を通じることで，その問題を克服する．「案内所」は，旅館や中食場所であるドライブインなどの旅行サービス提供機関と旅行業者とを仲介する．「案内所」は，東京や大阪などの大都市にあり，旅行業者と関係を作り，取り扱いの旅館などのセールスや情報収集をする．旅行サービス提供機関としては，セールスを代行してもらえるとともに，送客を受ける旅行業者についての「保証」が得られる．「案内所」は，各所の旅館などを共同で取り扱う「共同案内所」と大型旅館などが当該旅館の販売促進のために運営する「直営案内所」がある．近年は，国内旅行における目的地側において，当該地域の観光資源を活用し観光振興を図るための組織として「DMO（Destination Management（Marketing）Organization）」が注目されてきた．「DMO」においては，当該地に来訪した旅行者に対する着地型旅行を造成する例とともに，「ツアーオペレーター」的機能を持って，旅行業者を直接の取引相手とする例もある．

　「ツアーオペレーター」と「ランドオペレーター」の機能については分けて説明するものもある．この区別は厳格とは思えないが，この場合，「ツアーオペレーター」は，よりホールセーラーに近い機能（ここでは，二次ホールセーラーに対しユニットを卸す立場の旅行業者に近い），「ランドオペレーター」は，より「ローカルオペレーター」によった機能を持つものと考えられる．なお，欧州においては，「ツアーオペレーター」とは，日本における「ホールセーラー」の意味を持つ．

2　旅行業の発展

　本節では，「1　旅行業の構造」でのべた旅行業の流通構造に応じた，旅行業の発展の過程を見る．

1）「手配・予約」

　日本において旅行者の利便に資する組織としては，1893年（明治26年）に外国人を誘致する目的で喜賓会が設立された．これは旅行者の利便を図るための組織ということができるが，案内書の出版で止まった．「旅行商品」を扱うという意味で，日本における旅行業の始まりは，1905（明治38）年に三代目南新助が滋賀・草津で本業の傍ら高野山参詣団，伊勢神宮参拝団を世話したのが始まりとされる．南は，1908（明治41）年には，本邦初の国鉄団体臨時列車による，善光寺参詣団を募集した．喜賓会は，訪日外国人のための組織であったが，現在のジェイティービーの前身であるジャパンツーリストビューロー（旧JTB）が，外国人客を誘致し，その便宜を図る目的で1912（明治45）年に創立すると，その使命を終えたとして，1914（大正3）年解散した（日旅 1970: 2-5; 306-310）．

　旧JTBは，旅行サービス提供機関を会員として，当初，その会費を最大の財源としていたが，大正の半ば過ぎからは，逐次乗車船券類の代売をはじめ各種の販売事業を拡大して収入を増加させる方向に切り替えていった．そして，1925（大正14）年には，本格的に，邦人客への（鉄道）省線の一般乗車券および遊覧券の販売をはじめている（JTBF 1982: 8-17; 玉村 1989: 339-340）．そして，その後，1935年（昭和10年）に鉄道省主催の団体旅行あっ旋を一手に引き受けることになる（JTBF 1982: 60）．

　「1. 旅行業の構造」で示しように，伝統のある旅行会社は，鉄道会社の系列が多い．これは，鉄道の駅の案内所で乗車券類の販売や旅館の斡旋から業務が始まったためである（トラベルジャーナル 1996: 32）．乗車券類の販売は，鉄道会社と旅行者との間で仲介をし，手数料を収受するもので，旅行業のビジネスモデルの原型といってよい．一方，1947年（昭和22年）のノースウェスト航空やパンアメリカン航空の日本への就航を期に，電鉄系の旅行会社もIATA（International Air Transport Association）旅客代理店として海外旅行業務をスタートさせている．旅行業者は外国に赴く人々のために，航空会社，船舶会社の代理店として海外旅行業務を推進していった（岡本 2009: 115）．これも仲介をし，手数料を収受するモデルといってよい．

2）団体旅行を「統整」

　第二次世界大戦時中は，旅行業者は，軒なみ解散を勧告され，廃業に追い込まれたが（白幡 1996: 45），1946年には，第1回国民体育大会の開催に伴いスポー

ツ選手団が旅行をしている（白幡 1996: 196-197）．また，同年には修学旅行が行われた記録がいくつか残されている（修旅 2000: 175）．国民体育大会の旅行あっせん事業の大部分を日本交通公社が引き受けている（白幡 1996: 197）ように，旅行業者は，団体旅行にかかわっていく．

　旅行が形成されるには，単一の乗車券類の販売や旅館の斡旋のみならず，これが複合していく必要がある．複合は，旅行業のビジネスモデルの原型が重層化していくことになるわけであるが，単なる重層化だけでなく，適切に複合化させるノウハウが加えられるなら，そこに旅行業者の提供するサービスである「統整」機能が加わっている．さらに，団体旅行においては，複合化される手配の規模が大きくなるだけでなく，多数人が，円滑に行動するために，旅行者に対するアテンドが必要になる．すなわち，つつがなく円滑に行動するためには，旅行業者による「統整」機能が求められる．

　団体旅行は，あらかじめ組織された団体があり，その依頼に基づき手配をする．修学旅行や競技のための旅行は，旅行をする必然性があるが，そうでない場合は，その需要を喚起することで旅行が生まれる．昭和30年代に入ると，旅行ブームが作り出されたが，このブームを作ったのは，旅行業者によるところも大きい（丹羽 1962: 37）．ここでの旅行は，団体旅行が中心であり，その中で社員旅行が大きな部分を占めた（白幡 1996: 201）．ただ，団体旅行であったのは，旅行に対する不安感や不案内の事情があるため，自ら積極的に旅行を企てないこと，団体旅行だと費用が割安になることなどで，やむを得ず団体旅行に傾斜しているものであると考えられていた（運輸省 1962: 54-55）．つまり，ここには，旅行業者がかかわることにより旅行が容易化する意識を旅行業者側も旅行者側も共有できたものと考えられる．

3）パッケージ旅行の造成

　旅行業者は，既にある旅行需要に対応する，のみならず，既存の団体に対して旅行需要を創出していった．一方，1964年に海外旅行が自由化される．その結果，個人で海外旅行へ行けることになったが，「旅行商品」の開発は，当初は日本に就航する航空会社や日本航空などが主導した．というのは，海外旅行は自由化されたものの高価であり，一方，旅行業者の大きな収入源は，団体旅行であるため，海外旅行を団体旅行の対象とするには困難であったためである．しかし，航空会社においては，航空需要を喚起する必要があり，その結果，「海

外パッケージ旅行」が登場することとなる．航空会社主導で始まった海外パッケージ旅行は，日本人の海外旅行を実現させる大きなきっかけを作り出したが，海外旅行のノウハウを蓄積していった旅行業者各社は，独自のブランド商品としての海外パッケージ旅行を発売していく．「海外旅行ブランド」の誕生であり，そして，旅行は「あっ旋するもの」のみならず「商品として販売するもの」へと変容する（岡本 2009: 119-120; 宮内 1996: 56）．また，国内のパッケージ旅行は，既に，国鉄と大手旅行業者のタイアップによる「エック」や募集型のバス旅行が昭和40年代の初めより普及していたが，海外パッケージ旅行をモデルにし，ブランド名をつけた「旅行商品」として日本交通公社の「エース」が，1971年に登場する（岡本 2009: 122）．

　こうして，これまでの旅行者の要望に応えながら作られていく「旅行商品」に加えて，あらかじめ旅行業者の「手配・予約」能力，「統整」能力を形にして売り出される「旅行商品」が生まれていく．

　1970年に66万3467人であった出国日本人数が，1979年には403万8298人なるように，1970年代は，海外渡航者数が大きく増加する[3]．この背景には，日本経済の高度成長と，パッケージ旅行の量販態勢の確立が大きく影響していたものと考えられる．パッケージ旅行の量販態勢は，パッケージ旅行を卸売りするホールセーラーを出現させ，旅行業界内に問屋と，小売店（リテーラー）という販売ラインを構築する．そして，ホールセーラーの販売量の増加は，航空会社，ホテル等素材提供者に対する仕入れ量の拡大に繋がった（小林 2009: 41）．

4）メディア販売とFIT

　さらに，1980年代に入ると，「メディア販売」によるパッケージ旅行の販売が拡大していった．すでに，新聞社系列の旅行会社は，自らの新聞メディアを活用した旅行者の集客を行っていたが，大手旅行会社や新興の旅行会社においても新聞や旅行情報誌などを利用して旅行を募集するようになった（岡本 2009: 124-125）．

　また，海外旅行市場が成熟した結果，ツアーに満足しない旅行者が現れ出した．このような旅行者はFIT（Foreign Independent Tour/Travel）旅行者とよばれるが，通常の個人運賃がきわめて高かったため，多くは団体航空券をばら売りしたエアオン（Air only）を利用することが多かった．格安航空券は，認可運賃でなかったため，大手・中堅の旅行会社は販売に消極的であったが，新興の旅

行会社は，これに積極的に取り組んだ（宮内 1999: 62; 廣岡 2007: 103-104）．

　この時期，海外旅行は，高物価の日本の国内旅行と比べ割安感が持たれ，より大衆化した．その結果，旅行需要が増し，旅行業者の形態も多様化した．参入が容易とみられたことからか，自らの属す企業グループの旅行を取り扱うイン・ハウスエージェント（木沢 2004: 34-39）とよばれるものも含めて異業種からの進出も多くみられた（廣岡 2007: 104）．

5）OTAの出現

　1990年代後半になると，携帯電話やコンピュータが大衆に浸透していき，旅行者に対して直接インターネットによる宿泊予約機能を提供するサイトの営業が始まった．この基本的なビジネスモデルは，宿泊料金の数％を手数料として受け取るというものだが，手数料の料率は，旅行会社の手数料と比較してかなり安いとされる（中村 2006: 130）．

　こうした旅行業の形態は，OTA（Online Travel Agent）とよばれるが，宿泊のみならず，他の旅行素材も扱うようになっていく．また，インターネット上で旅行者が各旅行素材を組み合わせてオリジナルのパッケージ旅行をつくるダイナミックパッケージも扱うようになる（森下 2007: 83）．また，自らが旅行契約の当事者になるOTAのほか，他の旅行業者や運送・宿泊機関を横断的に検索し，契約は旅行者とリンクした旅行業者や運送・宿泊機関との間で直接締結されるメタサーチとよばれるサイトも現れた．OTAやメタサーチは，インターネットで行われるため，当該事業者は日本国内になく，海外に拠点を有しながらも，旅行者は，技術的には国内の事業者と同様の取引が可能となる．

　このようなインターネットの普及により，航空券や乗車券類，宿泊については，サプライヤーが直接，旅行者に対して集客することを容易にし，旅行業者を介さない，直販システムを強化にすることとなった（中村 2006: 132-133）．インターネットやコンビニエンスストアといった新たな流通ルートの普及は，これまでの旅行業者を通じた流通では，販売促進が容易でなかったバス事業にも変化をもたらす．

　バス事業では，高速路線は，運行時間に対する客単価は大きく一般路線に比べて収益性が高い（加藤 2009: 28-29）．しかし，公益性の高い免許事業である市内バスの法令および事業者の性格がそのまま持ち込まれ，安全・安定輸送といった市内バスと同等の品質が担保された．同時に，市内バスと同様の法令に縛ら

れ，自由度を欠く事業者の性格が，保守的であるといった特徴を持つ（成定 2009: 61）．

　ところが，2000年 2 月，貸切バスについては，参入規制が免許制から許可制に，価格規制については認可制から事前届出制に緩和された．そのため，零細事業者による新規参入が目立った（湧口 2011: 37）．そして，事業者数，車両数，輸送人員は増加するものの運賃水準は低下していった（谷口他 2011: 45）．そうした環境の下，2000年代に入りパッケージ旅行の形態をとりながら，バス事業者が集客するのでなく，旅行業者が企画・実施する，主に 2 地点間の移動を目的するいわゆるツアーバスといわれる旅行商品が生まれた（廣岡 2013: 23）．ツアーバスは，のちに新高速乗合バス制度となって，ツアーバスを企画・実施した旅行業者も乗合バス事業者とならなければならなくなったが，その場合も乗車券類のインターネットやコンビニエンスストアを通じた販売は，効果的である．

6）ニューツーリズムとインバウンド

　21世紀を迎えると，エコツーリズム，グリーンツーリズム，ヘルスツーリズム等ニューツーリズムといわれる新しい観光のありかたが注目されてきた．これまで旅行業者が観光客を出発地から観光地へ，一連の生産・販売過程を経て実施する送客型ビジネスが主流であった（尾家他 2008: 8 ）が，この場合，出発地で旅行商品を造成することにより，より当該目的地の特長を出すため目的地各地で企画実施する現地発着の着地型観光・旅行が求められるようになった．そして，さらに着地型旅行の造成のみならず，当該地域の観光課題全般を統合するDMOの形成が目指されていく．

　一方，2010年に861万1175人であった訪日外客数が，2019年には3188万2049人となり，2010年代に急速に増加した[4]．そもそも，訪日外国人旅行者数の増加は，2003年から，外国人旅行者の訪日を飛躍的に拡大することを目的とした国，地方公共団体および民間が共同して取り組む，国を挙げての戦略的なビジット・ジャパン・キャンペーン（VJC）の展開によるものであった（観光白書 2003: 64-65）[5]．

　これまで旅行業界は，訪日外国人旅行者について積極的な対応をしておらず，終戦直後の一時期，欧米からの利益率の高い旅行者については努力をしていたが（国際観光 2005: 27），それ以降，インバウンド部門は縮小と合理化の対象で業界全体としてこれを支援する動きもなく，アジアからの旅行者に対しては，積

極的な対応をしてこなかった（松園他 2006: 173-174）．2003年時点で，アジアからの訪日旅行者は訪日外国人旅行者の67.4%（観光白書 2003: 26）を占めていたが，採算ベースに乗せにくいというのが理由であった．とはいうものの，アジア各国の経済成長により海外旅行者数が増加していること，円安方向への動きにより訪日旅行への割安感が拡大していることやビザの大幅緩和，外国人旅行者向け消費税免税制度の拡充などの施策（観光白書 2016: 13）により，日本の旅行業者の動きにかかわらず，アジア圏からを含む全体の訪日外国人旅行者は，新型コロナウイルス（COVID-19）の流行前の2019年まで増加していった．

　ただし，アジア圏からの旅行者は，日本の旅行業者を利用せず，自国系のオペレーターを使うか，FIT化した旅行者が多いとされている（国際観光 2005: 27）．

3　旅行業の制度

　本節では，「2．旅行業の発展」でみた旅行業の発展を考慮しながら，旅行業にかかる公法である旅行業法について述べる．

1）目的，定義
（1）目的
　旅行業法は，1952年に「旅行あつ旋業法」として制定された．

　戦後，世の中が落ち着きを取り戻すにつれ旅行者が増加し，トラブルも多発するようになった．旅行業は取引額が比較的に高額でありながら，業務そのものはたいした 設備がなくても営むことができる．そのため，資力が十分でない者が旅行業を営んで倒産した場合には，多くの旅行者や取引業者が損害を被る危険性があり，不良業者や悪徳業者を排除して公正な取引を維持することが，旅行業界全体の発展に寄与できると考えた（JATA 2005: 5）．

　旅行業法では，こうした観念の下，第1条で，その目的が定められる．第1条は，「旅行業務に関する取引の公正の維持」，「旅行の安全の確保」，「旅行者の利便の増進」を図ることを目的としている．また，前段では，「旅行業等を営む者について登録制度の実施」，「旅行業等を営む者の業務の適正な運営の確保」，「旅行業等の組織する団体の適正な活動の促進」を定めている．これは，目的を達成するための手段といってよく，具体的には後の条項で規定される．

（2）定義

　旅行業法は，公法であり，取締法である．また，取引規制法である．行政庁と旅行業者等との関係について定めている（JATA 2022: 9）法律である．しかし，取締りや規制を行うには，その対象が定義される必要がある．

　そこで，「旅行業」は，第2条第1項で，報酬を得て，一定の行為を行う事業と定義されている．一定の行為は，第2条第1項各号に規定される．各号では，法律概念の基づいた行為形態を記述するが，端的にいえば，運送機関又は宿泊機関を含めた旅行サービスを手配することである．ただし，もっぱら運送サービスを提供する者のため，旅行者に対する運送サービスの提供について，代理して契約を締結する行為を行うものは除かれる．

　第1号，第2号は第4項で「企画旅行契約」と定義される行為で，旅行業者が旅行の計画を，旅行者の募集のため又は旅行者からの依頼により作成し，自己の計算において，旅行サービス提供機関と契約を締結する行為である．このうち，旅行の計画を，旅行者の募集のために作成するものは「募集型企画旅行」，旅行者からの依頼により作成するものは，受注型企画旅行とよばれる（「募集型企画旅行」「受注型企画旅行」の定義は，標準旅行業約款による）．第3号，第4号，第6号，第7号は第5項で「手配旅行契約」と定義される行為となる．

　手配される旅行サービスは，運送機関，宿泊機関とそれ以外の機関があるが，前者を手配する行為を「基本的旅行業務」，後者は，「付随的旅行業務」という．また，第8号の旅行者の案内，手続の代行等のサービスを提供する行為も「付随的旅行業務」とされる（三浦 2006: 46-48）．

　また，旅行業を営む者と旅行者との間で，報酬を得て旅行業を営む者のため旅行業を営む者の行為を代理して旅行者と契約を締結する行為を行う事業は，「旅行業者代理業」と定義される（第2項）．

　そして，旅行業を営む者，旅行業者代理業を営む者が行う行為を取り扱う業務を「旅行業務」と定義する（第3項）．

　「旅行業」とは，運送機関又は宿泊機関と旅行者との間で，一定の行為を行うことである．したがって，ツアーオペレーターのように報酬を得て，旅行業を営む者のために手配を行う事業は「旅行サービス手配業」と定義される（第6項）．そしてその行う行為は「旅行サービス手配業務」と定義される（第7項）．従来，旅行業法は，旅行者保護のための法律であるため，旅行者と直接かかわらないツアーオペレーターは，規制対象外にあった．しかし，訪日外国人が増

え，旅行者との契約を日本の旅行業者が取り扱わない場合，日本における訪日外国人の保護に欠けるおそれがあるため，2017年の改正で規定されたものである.

2）登録，営業保証金
（1）登録

営もうとする事業が，旅行業又は旅行業者代理業を定義されれば，観光庁長官の登録を受けなければならない（第3条）（旅行サービス手配業は後述）. それぞれの登録を受けた者を旅行業者と旅行業者代理業者とよぶ. また，これらをあわせて，旅行業者等と旅行業法ではよぶ. 旅行業は，業務の範囲の別に，第1種旅行業務，第2種旅行業務，第3種旅行業務，地域限定旅行業務に分けられる（旅行業法施行規則第1条の3）. これらは，登録業務範囲といわれ，通常，第1種旅行業，第2種旅行業，第3種旅行業，地域限定旅行業とよばれる. 旅行業者等として事業を行なうためには，観光庁長官の登録を受けなければならないが，第1種旅行業者以外の旅行業者等の登録は，政令で当該旅行業者等の主たる営業所の所在地を管轄する都道府県知事に委任されている（旅行業法施行令第5条）.

第1種旅行業，第2種旅行業，第3種旅行業の区分の基準は，実施する募集型企画旅行による. 第1種旅行業ではすべての募集型企画旅行が実施できるが，第2種旅行業では，国内旅行に限られる. また，第3種旅行業では，自らの営業所の存する市町村（特別区を含む）の区域，これに隣接する市町村の区域および観光庁長官の定める区域内において実施されるものに限られる. また，地域限定旅行業は，募集型企画旅行以外も第3種旅行業の募集型企画旅行の実施できる範囲が手配範囲になる.

登録を受けようとする場合，所定の事項を記載した申請書を行政庁に提出する（第4条）. 第6条では，行政庁が登録の拒否をしなければならない11項目の事由を規定しているが，この拒否事由に該当しなければ，旅行業等の登録は拒否されない.

ところで，登録業務範囲の区分の基準である募集型企画旅行を実施の有無の実施とは，自ら「募集型企画旅行商品」を企画（製作）し，催行することを意味する. したがって，パッケージ旅行を「販売」することは，実施を意味するのではない. ゆえに，第3種旅行業者や地域限定旅行業者であっても自らは実

施できない海外旅行を含め他の旅行業者が実施する（企画した）「募集型企画旅行商品」を「販売」することは可能である（ただし，「3）旅行業務取扱管理者」で述べる総合旅行業務取扱管理者の選任は必要）.

　なお，「販売」という言葉を旅行業法の規定に沿って表すと，「他の旅行業者が実施する企画旅行（参加する旅行者の募集をすることにより実施するものに限る）について，当該他の旅行業者を代理して企画旅行契約を締結すること」（第14条の2第1項）となり，募集型企画旅行を実施する旅行業者を委託旅行業者，募集型企画旅行を「販売」する旅行業者を受託旅行業者とよぶ．**図2-4** の表記では，委託旅行業者はホールセーラー，受託旅行業者はリテーラーということになる.

　他の旅行業者の募集型企画旅行を「販売」することは，法律的には，他の旅行業者を代理して，旅行者と募集型企画旅行契約を締結すると考えられる．したがって，この行為は，本来，旅行業者の行為ではなく旅行業者代理業者の行為であるはずだが，旅行業者も第14条の2第1項によりこの行為を行うことができるものとしている.

　また，旅行業者代理業者は，所属旅行業者が，他の旅行業者の受託旅行業者であれば，その他の旅行業者の募集型企画旅行を「販売」することができる．この場合の旅行業者代理業者は，受託旅行業者代理業者とよばれる.

　これらの規定は，「主催旅行」（2004年の改正で募集型企画旅行となる）が定義された1982年の改正で，あわせて定められたものである．1970年代から1980年代初頭にかけて海外旅行者数が伸長したが，これらはパッケージ旅行を利用する旅行者が多かった．しかし，それまでの旅行業法では，パッケージ旅行に関する規定を一切持っていなかった（旅行法制 1986a: 20）．そのため，旅行の市場環境に沿うように整備されたものといえる.

　さて，第3種旅行業者は，従来，募集型企画旅行は実施できなかったが，2007年に旅行業法施行規則が改正され，前述の募集型企画旅行については実施できるようになった．また，後述する営業保証金の最低額，基準資産額を第3種旅行業より小さくした地域限定旅行業の区分は2013年施行の旅行業法施行規則の改正で設定されたものである．さらに，旅行業法の特例として，2008年，観光圏の整備による観光旅客の来訪および滞在の促進に関する法律（観光圏整備法）の施行により，国土交通大臣の認定を受けた滞在促進地区内の旅館業者は，旅行業者代理業の登録を受けたものとみなされ，観光圏内限定旅行業者代理業として，その宿泊者と観光圏内の旅行についての契約の締結ができる．こ

れらは，地域密着型の旅行を活性化させ，「着地型旅行」の商品提供を促進する意図がある[6]．

（2）営業保証金

　旅行業の登録をした旅行業者は，一定の期間内に営業保証金を供託し，その旨の届出をした後でなければ，事業を開始できない（第7条）．旅行業者が債務を履行する前に倒産などで債務が履行できなくなった場合に供託された営業保証金の中から旅行者が債権の弁済を受けられるようにするためである．

　営業保証金の額は登録業務範囲と前年度の旅行者との取引額をもとに決められている．旅行業者代理業者は，所属旅行業者が営業保証金を供託するので，自らが供託する義務はない．各登録業務範囲別の最低額は，第1種旅行業者7000万円，第2種旅行業者1100万円，第3種旅行業者300万円，地域限定旅行業者15万円である（第8条，旅行業法施行規則第7条，別表第一）．このほか，旅行業者には登録にあたって第1種旅行業者3000万円，第2種旅行業者700万円，第3種旅行業者300万円，地域限定旅行業者100万円の財産的基礎が必要とされる（旅行業法施行規則第3条）．

表2-1　旅行業等の登録区分

		登録行政庁 （申請先）	業務範囲					登録要件	
			企画旅行			受注型	手配旅行	営業保証金 の最低額	財産的基礎
			募集型		受託販売 （海外・ 国内）				
			海外	国内					
旅行業	第1種	観光庁長官	○	○	○	○	○	7000万円	3000万円
	第2種	都道府県知事	×	○	○	○	○	1100万円	700万円
	第3種	都道府県知事	×	地域内	○	○	○	300万円	300万円
	地域限定	都道府県知事	×	地域内	○	地域内	地域内	15万円	100万円
旅行業者代理業		都道府県知事	旅行業者から委託された業務					不要	無
観光圏内限定旅行 業者代理業		観光圏整備計画における国土交通大臣の認定	旅行業者から委託された業務 （観光圏内限定，対宿泊者限定）					不要	無

出所：岐阜県庁HP「旅行業法に関する手続きについて」〈https://www.pref.gifu.lg.jp/page/3485.html〉（2022年10月10日アクセス）を参考に修正して筆者作成．

3）旅行業務取扱管理者

　旅行業者等は，営業所ごとに1人以上の旅行業務取扱管理者を選任しなければならない．選任された旅行業務取扱管理者は，旅行業法施行規則第10条で定める10の事項について管理，監督する事務を行う．なお，選任された旅行業務取扱管理者のすべてが欠けたときは，旅行業務に関し旅行者と契約を締結することはできない（第11条の2）．また，旅行業務取扱管理者は，旅行者から請求があったときは，証明書を提示しなければならない（第12条の5の2）．

　旅行業務取扱管理者は，旅行業務取扱管理者試験に合格した者から旅行業者等により選任される．旅行業務取扱管理者試験には，総合旅行業務取扱管理者試験，国内旅行業務取扱管理者試験，地域限定旅行業務取扱管理者試験がある．海外旅行を取り扱う営業所にあっては，総合旅行業務取扱管理者試験合格者が選任されなければならない．地域限定旅行業務取扱管理者試験合格者が選任されている営業所は，営業所の所在する市町村の区域その他の国土交通省令で定める地域内のもののみについて取り扱える．なお，登録業務範囲の区分と旅行業務取扱管理者試験の種類とは一致していない．したがって，第3種旅行業者であっても，総合旅行業務取扱管理者試験合格者を選任している営業所は海外旅行を取り扱える．また，第1種旅行業者であっても国内旅行業務取扱管理者試験合格者のみを選任している営業所では，海外旅行を取り扱えない（第11条の2第6項，第11条の3）．

　なお，地域限定旅行業務取扱管理者試験は，2018年より実施されている．以前は，地域限定旅行業者も総合又は国内旅行業務取扱管理者試験の合格者が求められたが，国内旅行業務取扱管理者試験より出題範囲を狭めた地域限定旅行業務取扱管理者試験が創設された．あわせて，旅行業務取扱管理者は，必ず営業所に1人以上の選任が求められ，兼任も認められなかったが，一定の地域限定旅行業者にはその基準が緩和されている．地域限定旅行業への参入を容易にし，着地型旅行を中心とした地域振興を促進する意図がみられる．

　旅行業務取扱管理者の制度は，旅行業務取扱主任者（2004年の改正で旅行業務取扱管理者に名称変更）として，旅行あつ旋業法が旅行業法と名称変更された，1971年の改正で導入された．旅行業務取扱主任者試験は，1972年より実施されている．1971年の改正作業の中でもっとも苦心したこととして，旅行者と旅行業者との間の紛争を未然に防止し，紛争が発生した場合にも，その解決をできるだけ円滑に図ることであったとされる（土橋 1972: 9-12）．この時期は旅行の

大衆化が,大幅に進んだ時期である．個人で参加できるパッケージ旅行が現れ,
個人で団体旅行の長所を享受できるようになった．ただ,団体旅行では,個々
の旅行者が旅行業者と接触する必要はないが,パッケージ旅行や個人旅行では,
旅行者は直接旅行業者と取引する必要が生じる．そうした旅行環境の変化の下,
旅行業務取扱主任者制度も,消費者を保護するための施策の1つとして取り入
れられたものであるといえる（廣岡 2007: 92）．

4）取引準則・旅程管理・禁止事項

　取引準則とは,旅行業者等が行う旅行業務に関する取引について,その公正
を確保するための規則である（三浦 2002: 74）．

（1）料金の掲示

　旅行業者は,旅行業務の取扱いの料金を定め,掲示しなければならない．こ
の料金は,定率,定額等,旅行者にとつて明確である必要がある．旅行業者代
理業者は,その所属旅行業者が定めた料金を掲示する．なお,企画旅行につい
ては,当該料金にかかる部分も,包括して旅行業者が計算した対価が示される
ので,この規定は適用されない（第12条,旅行業法施行規則第21条）．

（2）旅行業約款

　旅行業者は,旅行者との契約に関し,旅行業約款を定め,観光庁長官（第1
種旅行業者以外は都道府県知事に委任）の認可を受けなければならない（第12条の2）．
旅行業者代理業者は,その所属旅行業者の約款を用いる．もっとも,観光庁長
官および消費者庁長官によって,標準旅行業約款が定められ（標準旅行業約款の
制定は都道府県知事に委任されない）公示されているので,これと同一のものとし
たときは,認可を受けたものとみなされる（第12条の3）．現状では大部分の旅
行業者が標準旅行業約款を用いる．

（3）取引条件の説明

　旅行業者等は,旅行者と契約を締結しようとするときは,取引条件の説明し
なければならない．この説明をするときは,サービスの提供を受ける権利を表
示した書面（乗車券類,クーポン券等）を交付する場合を除き,定められた事項を
記載した書面を交付しなければならない．この書面は,旅行者の承諾を得れば,

情報通信の技術を利用する方法で提供することも可能である（第12条の4）．なお，旅行業者等が旅行者と締結する契約等に関する規則で，取引条件の説明で説明すべき事項（第3条），書面に記載しなければならない事項（第5条）が定められている．

（4）契約書面の交付

旅行業者等は，旅行者と契約を締結したときは，旅行相談契約の場合を除き，所定の事項を記載した書面又は当該旅行に関するサービスの提供を受ける権利を表示した書面を交付しなければならない．この書面も，旅行者の承諾を得れば，情報通信の技術を利用する方法で提供することも可能である（第12条の5）．書面に記載しなければならない事項は，旅行業者等が旅行者と締結する契約等に関する規則第9条で，定められる．

（5）外務員

旅行業者等は，営業所以外の場所で取引を行う者は，「外務員」として証明書を携帯させなければならない．外務員は，業務を行なうときは，証明書を提示する必要がある．外務員は，所属する旅行業者等に代わって，旅行者が悪意であったとき以外は，一切の裁判外の行為を行う権限を有するものとみなされる（第12条の6）．

（6）広告

募集型企画旅行の広告をするときは，旅行業者等が旅行者と締結する契約等に関する規則によって，広告の表示方法が2項目（第12条），広告に表示しなければならない事項が，8項目（第13条）定められている．募集型企画旅行の限らず，旅行業者等は，旅行業務について広告をするとき，誇大広告をしてはならない事項が，同規則により8項目定められている（第14条）（旅行業法第12条の7，第12条の8）．

（7）標識の掲示

旅行業者等は，営業所に標識を，公衆に見やすいように掲示しなければならない（第12条の9）．

（8）旅程管理

　旅行業者は，企画旅行を実施する場合，企画旅行の円滑な実施のために旅程管理を行わなければならない（第12条の10）．具体的な内容は，旅行業法施行規則第32条で4項目定められる．

　企画旅行に同行して，旅程管理業務を行う者で，その旅行における主任の者は，欠格事由に該当せず，「旅程管理研修」を修了し，一定の実務の経験を有するものである必要がある（第12条の11）．旅程管理研修は，観光庁長官の登録を受けた「登録研修機関」が実施する．登録研修機関に関しては，旅行業法第12条の12から第12条の28で規定される．

（9）禁止事項

　旅行業者等は，掲示した料金を超えて料金を収受する行為，取引に関する重要な事項について，故意に事実を告げず，又は不実のことを告げる行為，取引によって生じた債務の履行を不当に遅延する行為をしてはならない．また，旅行業者等やその代理人，使用人，従業者は，旅行者に対し，旅行地において施行されている法令に違反する行為を行うことのあっせんや便宜を供与すること，旅行地において施行されている法令に違反するサービスの提供を受けるあっせんや便宜を供与すること，そのことを広告すること，企画旅行において，運送サービスを提供する者に対し，輸送の安全の確保を不当に阻害すること，旅行地において特定のサービスの提供を受けることや特定の物品を購入することを強要すること，旅館業者は以外の宿泊のサービスを提供する者と取引を行う際に，住宅宿泊事業法の届出をした者であるかどうかの確認を怠ることは，禁止行為とされている（第13条）．

　また，その名義を他人に利用させることや他人にその名において経営させることは禁じられている（第14条）．

　取引準則の多くは，前項の旅行業務取扱主任者制度と同じ1971年の改正で規定された．もっとも，のちの改正で内容には変更がなされていくが，料金を定める義務は，1952年の制定当初から，約款を定める義務，標識を掲示する義務は，1956年の改正で規定されている．

　募集型企画旅行の広告の規定や旅程管理に係る規定は，1982年の改正で初めて導入され，その後，2004年に登録研修機関の規定が新設されるなどの改正が

なされている．また，禁止事項も，1952年の制定時から規定されているが，旅行環境の変化に応じて，その事項は加えられてきている．

5）旅行業協会

　旅行業協会の制度は，旅行業者等に業界団体の結成を促し，旅行業務の適切な運営を確保するための旅行業者等に対する指導といった，いわば行政指導に代わるべき公的な業務を担当させることによって，自律的な旅行業務の改善を図るための制度である（三浦 2006: 263）．この旅行業協会は，要件を備える者の申請があつた場合に，観光庁長官により指定される（第41条）．現在，指定されている旅行業協会は，一般社団法人日本旅行業協会（JATA）と一般社団法人全国旅行業協会（ANTA）がある．日本旅行業協会は1959年に[7]，全国旅行業協会は1956年に[8]，その前身が組織されているが，旅行業協会が旅行業法上の制度として規定されたのは，1971年の改正によってである．

　旅行業協会の業務は，苦情の解決，旅行業，旅行サービス手配業に従事する者に対する研修，弁済業務，旅行業者等，旅行サービス手配業者に対する指導，調査，研究および広報の5項目が法定されている（第42条）が，旅行業者にとっては，弁済業務を活用できることは，資金面でメリットになる．旅行業の登録をした旅行業者は，一定額の営業保証金を供託しなければならないが，旅行業協会の正会員である旅行業者（保証社員とよばれる）は，この営業保証金の供託が免除されるためである（第53条）．

　営業保証金の供託が免除されるのは，旅行業協会の正会員である旅行業者（保証社員）と旅行業務に関して取引をした旅行者がその取引によって生じた債権について，旅行業協会が国に供託した弁済業務保証金から一定の範囲で旅行者に弁済するためである[9]．もっとも，旅行業協会に加入しようとする旅行業者は，弁済業務保証金分担金を納付しなければならない（第49条）．しかし，弁済業務保証金分担金の額は，旅行業協会の弁済業務規約で，本来供託すべき営業保証金の額の5分の1の額に定められているため，営業保証金の額が大きくなる旅行業者ほど負担額が小さくなる．

6）旅行サービス手配業

　「3）（2）定義」で述べたように，報酬を得て，外国の旅行業者を含む旅行業者のために，一定の行為を行う事業は，「旅行サービス手配業」と定義される．

旅行サービス手配業と定義されれば，観光庁長官（旅行業法施行令第5条により都道府県知事に委任）の登録を受けなければならない（第23条）．旅行サービス手配業とは，図2-4に示すツアーオペレーターであるが，外国の旅行サービス提供機関を旅行業者に対し手配するツアーオペレーターは登録の対象にならない（旅行業法施行規則第1条）．これは，旅行サービス手配業の規定は，2017年の改正で規定されたが，訪日外国人旅行者は急増に対し，旅行商品の質の確保や旅行者の保護を図ることが，この改正の意図であるためである．[10]

　旅行サービス手配業者には，旅行サービス手配業務取扱管理者を選任する義務（第28条），契約締結時の書面の交付する義務（第30条），禁止行為（第31条），他人に名義利用をさせることの禁止（第32条）が課せられる．なお，営業保証金の供託は求められない．

　また，旅行サービス手配業務は，他の旅行サービス手配業者や旅行業者に委託できる（第33条）．旅行業者は，旅行サービス手配業の登録を受けなくても，旅行サービス手配業務ができる．旅行業者代理業者は所属旅行業者のために旅行サービス手配業務を行うのであれば，旅行サービス手配業の登録を受けなくてもよい（第34条）（JATA 2022: 68）．

4　旅行業にかかわる取引関係

1）旅行業者と旅行者との契約

　旅行業者と旅行者との契約は，旅行業約款による．実際は，ほとんど標準旅行業約款が用いられている．標準旅行業約款は，募集型企画旅行契約の部，受注型企画旅行契約の部，手配旅行契約の部，渡航手続代行契約の部，旅行相談契約の部からなる．しかし，標準旅行業約款では，適合しにくい旅行取引については，個別約款を申請し，その認可された約款で取引が行う場合もある．ただ，その雛形が観光庁のホームページに掲載されているので，これに基づいて[11]認可申請しているものと思われる．以下では，標準旅行業約款について述べる．

（1）標準旅行業約款・募集型企画旅行契約の部

　標準旅行業約款・募集型企画旅行契約の部では，募集型企画旅行契約を，旅行者の募集のためにあらかじめ，旅行代金の額を定めた旅行計画を作成し，実施する旅行と定義する（第2条）．契約は，約款の定めるところによるが，旅行

者の不利ならない書面により特約は認められる（第1条）.

　募集型企画旅行契約は，定められた旅行日程に従って提供される旅行サービスの提供を受けることができるように，手配し，旅程を管理する契約である（第3条）. 旅行業者が，自ら旅行サービスを提供するものではない. したがって，旅行業者やその手配代行者の関与し得ない事由による損害に対しては，責任を負うものではない（第27条）. 天災地変，運送・宿泊機関等の旅行サービス提供機関の故意・過失による損害については，旅行業者には責任はない.

　契約は，旅行者が申込書と申込金を旅行業者に提出し（第5条），旅行業者が契約の締結を承諾し，申込金を受理した時に成立する（第8条）. 本規定は対面販売を前提としているが，電話などの通信手段による場合で，申し込みと同時に申込書と申込金を提出しない場合は，旅行業者は予約を受け付ける. この場合，予約の時点では契約は成立しておらず，契約が成立するのは，申込金を受理した時である（第6条）. また，クレジットカード会員との間でインターネットなどの通信手段による契約を締結する場合は，通信契約と定義される（第2条）. 通信契約による契約は，カードの会員番号を旅行業者に通知し，その契約の締結を旅行業者が承諾する通知が旅行者に到達した時に成立する（第8条）.

　募集型企画旅行契約の内容は，旅行業者の関与し得ない事由が生じ，やむを得ないとき以外は変更できない. この場合，旅行者に当該事由を説明する必要がある（第13条）. 契約内容の変更が認められる場合は，旅行代金の額の変更も可能である（第14条）. これらは，旅行業者側からの変更であるが，旅行者側からの契約の変更は，旅行者の交替（第15条）以外は認められない. 一方，旅行者は，取消料を支払えば，いつでも契約を解除することができる. また，規定された一定の事由に該当する場合は，取消料を支払うことなく契約を解除することができる（第16条）.

　旅行業者も一定の事由に該当する場合は，旅行開始前，旅行開始後においても契約を解除することができるが，任意に解除することはできない. 旅行業者が，解除できる一定の事由のほとんどは，不可抗力であったり，旅行者側に何らかの帰責事由がある場合である（第17条，第18条）. しかし，このうち，最少催行人員に達しないという事由は，旅行業者の集客能力にかかっているもので，すでに契約を結んでいる旅行者としては旅行が実施されるのかわからないという極めて不安定な地位に立たされる（三浦 2018: 118）. しかし，募集型企画旅行は，一定数の客が集まるとの見込みのもとで企画されるので，この解除を認めない

と，旅行代金が高くなり，旅行者の不利益になることも考えられる（旅行法制
1986b: 26）．

　上述のように，旅行業者は，自ら旅行サービスを提供するものではない．旅
行業者は，手配責任は負うが，提供された旅行サービスの瑕疵については，責
任は負わないので，判例でも，旅行サービス提供中に生じた人身事故について
旅行業者を訴えた損害賠償請求は，ほとんど旅行業者が勝訴している（三浦
2000: 83）．しかし，これでは事故に対して，特に海外においては，十分な賠償
がなされないおそれがある．そこで，1983年，標準旅行業約款が制定される過
程で，消費者団体の代表の意見を取り入れ（三浦 2018: 52），旅行業者は約款に
特別補償責任を規定することとなった．特別補償とは，旅行業者に企画旅行契
約上の債務不履行責任が生ずるか否かを問わず，旅行者が企画旅行参加中にそ
の生命，身体又は手荷物の上に被った一定の損害について，一定の額の補償金
および見舞金を支払う責任である．具体的な運用は，別紙特別補償規程で定め
られる（第28条）．

　旅程保証は，契約内容の重要な変更が生じた場合で，その変更に旅行業者の
故意・過失のないときに，旅行代金に一定の率を乗じた額の変更補償金を旅行
者に支払う制度であり1996年の標準旅行業約款改正の際に導入された．なお，
変更について，変更補償金は支払われない7つの免責事由をあげているが，い
わゆるオーバーブッキングは除かれる．オーバーブッキングは本来旅行業者に
は責任のない事柄であるが，旅行業者は旅行条件の変更があるとその理由を航
空機やホテルのオーバーブッキングによるものと弁解することが多いため（三
浦 2018: 177），オーバーブッキングによる変更について旅行業者に変更補償金の
支払義務を規定している（第29条）．

（2）標準旅行業約款・受注型企画旅行契約の部

　標準旅行業約款・受注型企画旅行契約の部では，受注型企画旅行契約を，旅
行者からの依頼により，旅行代金の額を定めた旅行計画を作成し，実施する旅
行と定義する（第2条）．募集型企画旅行契約では，旅行計画の作成が，あらか
じめなされるのに対し，受注型企画旅行契約では，旅行者からの依頼をまって
なされるという点が異なる．

　契約の内容は，募集型企画旅行契約と同様，旅行サービスの提供を受けるこ
とができるように，手配し，旅程を管理することを引き受ける契約である（第

3条）．そのため，旅行業者の責任も同様に，旅行業者やその手配代行者の関与し得ない事由による損害に対しては，責任を負わない（第28条）．

　旅行業者は，旅行者からの依頼があったとき企画書面を作成して交付する（第5条）．旅行者は，企画書面の内容を承諾すれば，申込書と申込金を旅行業者に提出して契約を申し込む（第6条）．そして，その申し込みに対し旅行業者が契約の締結を承諾し，申込金を受理した時に成立する（第8条）．通信契約よる場合の契約の成立についての規定は，募集型企画旅行契約と同様であるが，電話などの通信手段による場合の予約にかかる規定はない．

　契約内容の変更については，募集型企画旅行契約と異なり，旅行者は，旅行業者に求めることができる．この場合，旅行業者は，可能な限りこれに応じる．一方，旅行業者は，募集型企画旅行契約と同様，旅行業者の関与し得ない事由が生じ，やむを得ないとき以外は変更できない（第13条）．旅行者は，取消料を支払えば，いつでも契約を解除することができることは募集型企画旅行契約と同様である．取消料については，募集型企画旅行契約では，国内旅行では，貸切船舶を利用する場合以外，20日前から，海外旅行では，貸切航空機を利用する場合や出国時および帰国時に船舶を利用する場合以外は，ピーク時は40日前から，通常は30日前から賦課されるが，受注型企画旅行契約では，原則同様であるものの，海外旅行におけるピーク時の設定はなく，国内・海外旅行とも企画書面に示した企画料金を契約書面に明示した場合，契約成立後，契約を解除する場合，旅行業者は，企画料金に相当する額を取消料として収受できる（別表第1）．

　また，一定の事由に該当する場合は，旅行者は，取消料を支払うことなく契約を解除することができる（第16条）．旅行業者も一定の事由に該当する場合は，旅行開始前，旅行開始後においても契約を解除することができる．任意に解除することはできないのは，募集型企画旅行契約と同様である．なお，募集型企画旅行契約の部にある最少催行人員に達しないという場合，旅行業者が，契約を解除できる規定は，受注型企画旅行契約の部にはない（第17条，第18条）．

　責任，特別補償，旅程保証にかかる規定は募集型企画旅行契約と同様である．

　受注型企画旅行の部の規定は，2005年から制定されたものである．これと類似の契約は，2005年以前は，包括料金特約付手配旅行契約といわれていたが，旅行業者にとって取引のしやすい内訳を明示しないこのような取引形態を受注型企画旅行契約として，旅程管理，特別補償，旅程保証の規定を加え手配旅行

よりも旅行者保護を手厚いものとしたものである（三浦 2018: 23-24）.

（3）手配旅行契約の部

　手配旅行契約は，旅行業者が旅行者の委託により，旅行サービスの提供を受けることができるように，手配を引き受ける契約である（第2条）. 企画旅行契約と異なり旅程管理は契約に含まれない. 旅行業者やその手配代行者の関与し得ない損害は，責任を負わない（第23条）が，企画旅行と異なり，特別補償や旅程保証はない. 旅行業者の手配義務は，善良な管理者の注意をもって手配をしたときは，手配が完了しなかったとしても債務の履行は終了する（第3条）. このため，手配債務については，企画旅行契約では請負契約的性格，手配旅行契約では，委任契約的性格を有するといえる（廣岡 2007: 11）. 旅行者は，定められた期日までに，旅行サービス提供機関に支払う費用と旅行業者の手配料である旅行業務取扱料金を旅行代金として，旅行業者に支払う（第16条）.

　手配旅行契約においても，旅行者が申込書と申込金を旅行業者に提出し（第5条）,旅行業者が契約の締結を承諾し,申込金を受理した時に成立する（第7条）. しかし，書面による特約で，申込金の支払いなく，旅行業者の承諾で成立させること（第8条）や，旅行代金と引換えに乗車券や宿泊券のような旅行サービスの提供を受ける権利を表示した書面を交付する場合，口頭による申込みを受け付ける（第9条）特則がある.

　手配旅行契約では，旅行者は，旅行業者に契約内容の変更求めることができる. この場合，旅行代金の増加又は減少は旅行者に帰属し，旅行業者には変更手続料金を支払う必要がある（第12条）. また，旅行者は，いつでも契約を解除することができる. この場合，旅行サービスの取消料，違約料等の費用及び旅行業者に対し取消手続料金，旅行業者が得るはずであった取扱料金を支払わなければならない（第13条）.

　手配旅行契約では，旅行業者に旅程管理義務はないが，旅行者の契約責任者からの求めにより，添乗サービスを提供する. この場合，添乗サービス料が必要になる（第22条）.

（4）渡航手続代行契約の部

　渡航手続代行契約とは，旅行業者が渡航手続代行料金を収受して，国内外の出入国関係書類の申請，作成を代行する契約である（第3条）. 渡航手続代行契

約は，旅行者が申込書を提出し，旅行業者が承諾の上，受理した時に成立する（第4条）．渡航手続代行契約は，当該旅行業者で旅行業務を取り扱う旅行者のみと契約の締結ができ，渡航手続代行契約単独では契約を締結できない（第2条）．これは行政書士法の規定に基づくと説明される（JATA 2022: 162）．

（5）旅行相談契約の部

　旅行相談契約とは，旅行業者が相談料金を収受して，旅行計画の作成，助言，見積り，情報提供を行う契約である（第2条）．旅行相談契約は，旅行者が申込書を提出し，旅行業者が承諾の上，受理した時に成立する（第3条）．

2）旅行業者代理業業務委託契約

　旅行業者から委託された業務を行う旅行業者代理業者は，所属旅行業者との間で旅行業者代理業業務委託契約を締結する．

　この契約書では，委託業務の範囲，旅行業者代理業者は他の旅行業者と重複して，旅行業者代理業業務を受託する契約を締結することや名義利用等および誤認行為の禁止，双方が重要な事項を変更する場合の相手方への通知，旅行業者代理業者が旅行業務取扱管理者の選任や取引準則で定められた事項を遵守すること，販売マニュアル等の遵守，所属旅行業者を明示すること，所属旅行業者による販売用具類の貸与，機密保持，旅行業者代理業者による旅行サービス提供機関との直接取引，直接決済の禁止，代理業手数料などが定められる[12]．

3）募集型企画旅行取扱委託契約

　募集型企画旅行につき他の旅行業者と受託契約をする旅行業者は，受託旅行業者との間で募集型企画旅行取扱委託契約を締結する．

　この契約書では，委託業務の範囲，受託旅行業者の委託業務の再委託又は契約上の地位の譲渡の禁止，受託営業所，双方が重要な事項を変更する場合の相手方への通知，受託営業所における当該委託旅行業者の約款を閲覧可能とすること，委託旅行業者の募集型企画旅行を取り扱う旨を表示した標識の掲示，委託旅行業者の明示，販売マニュアル等の遵守，委託旅行業者による販売用具類の貸与，機密保持，手数料，募集型企画旅行実施にかかる協力事項，旅行業者代理業者への再委託に関する事項が定められる[13]．

注

1）「第 6 回「民泊サービス」のあり方に関する検討会資料 6 観光庁「旅行業法について」」（2016：2），〈https://www.mhlw.go.jp/file/05-Shingikai-11121000-Iyakushokuhinkyoku-Soumuka/0000114124.pdf〉2022年 9 月21日アクセス．

2）ここでの「旅行商品」は，パッケージ旅行に限らず，旅行業者で取り扱う「旅行」とする．したがって，図 2 - 1 で示す要素すべてがすべての「旅行商品」に含まれているわけではない．

3）日本政府観光局（JNTO）HP〈https://www.jnto.go.jp/jpn/statistics/marketingdata_outbound.pdf〉2022年10月 3 日アクセス．

4）日本政府観光局（JNTO）HP〈https://www.jnto.go.jp/jpn/statistics/marketingdata_outbound.pdf〉2022年10月 3 日アクセス．

5）2003年に500万人台であった訪日外国人旅行者が，当初2010年に目標とした1000万人（観光白書，2003，68）を超えたのは，2013年である

6）観光庁HP「旅行業法施行規則の一部改正について」2012年12月14日〈https://www.mlit.go.jp/kankocho/news06_000162.html〉2022年10月10日アクセス．

7）日本旅行業協会HP〈https://www.jata-net.or.jp/about/jata-about/about01/page-41/〉2022年10月14日アクセス．

8）全国旅行業協会HP〈https://www.anta.or.jp/anta/〉2022年10月14日アクセス．

9）観光庁HP「弁済業務保証金制度の概要」〈https://www.mlit.go.jp/kankocho/shisaku/sangyou/content/001308292.pdf〉2022年10月14日アクセス．

10）観光庁HP「「通訳案内士法及び旅行業法の一部を改正する法律案」を閣議決定」2017年 3 月10日〈https://www.mlit.go.jp/kankocho/news05_000226.html〉2022年10月15日アクセス．

11）観光庁HP「旅行業法における各種様式」2021年 1 月 6 日〈https://www.mlit.go.jp/kankocho/page06_000133.html〉2022年10月15日アクセス．

12）大阪府HP「申請・届出等のご案内」〈https://www.pref.osaka.lg.jp/annai/menkyo/detail.php?recid=21523&sin_recid=25263〉（2022年10月29日アクセス）を参考．

13）全国旅行業協会　HP「募集型企画旅行取扱委託契約書（例）」〈https://www.anta.or.jp/kaiin/pdf/bosyugatakikakuryokou_toriatukaiitakukeiyakusyo_rei.pdf〉（2022年10月29日アクセス）を参考．

参考文献

運輸省観光局編（1962）『観光のはなし（観光白書）　1962年版』大蔵省印刷局．

尾家建生・金井萬造編著（2008）『これでわかる！着地型観光』学芸出版社．

岡本義温（2009）「旅行サービスと旅行商品の変化」岡本義温・小林弘二・廣岡裕一編著『新版　変化する旅行ビジネス』文理閣．

加藤博和（2009）「日本における高速バスの現状と課題――ツアーバス台頭を踏まえて――」

『運輸と経済』第69巻第3号，交通経済研究所.

観光庁［観光白書］（2016）『観光白書（平成28年版）』昭和情報プロセス.

木沢誠名（2004）「企業の海外出張における旅行会社の役割と変遷」『日本国際観光学会論文集』11号.

国土交通省［観光白書］（2003）『観光白書（平成15年版）』国立印刷局.

小林弘二（2009）「海外旅行ビジネスの発展過程と産業構造の醸成」岡本義温・小林弘二・廣岡裕一編著『新版　変化する旅行ビジネス』文理閣.

近藤隆雄（1991）「サービスのデザイン」『ダイヤモンドハーバードビジネス』Oct.-Nov. 1991.

――――（1999）『サービス・マーケティング』生産性出版.

白幡洋三郎（1996）『旅行ノススメ』中央公論社〔中公新書〕.

谷口礼史・滝沢朗（2017）「乗合バス事業の規制緩和と今後の展望」『運輸と経済』第71巻第7号，交通経済研究所.

玉村和彦（1989）「旅行商品概念の導入と南新助による団体旅行」『同志社商学』第41巻第3・4号.

土橋正義（1972）『旅行業法解説』森谷トラベルエンタプライズ.

トラベルジャーナル編（1996）『旅行ビジネス入門』トラベルジャーナル.

長沼石根編著（1997）『図解旅行業界ハンドブック』東洋経済新報社.

中村恵二（2006）『最新旅行業界の動向とカラクリがよ〜くわかる本』秀和システム.

成定竜一（2009）「高速ツアーバス事業の現状と課題」『運輸と経済』第69巻第3号，交通経済研究所.

日本交通公社社史編纂室［JTBF］（1982）『日本交通公社七十年史』株式会社日本交通公社.

日本国際観光学会編［国際観光］（2005）『新訂二版　旅行業入門』同友館.

日本修学旅行協会［修旅］（2000）『修学旅行のすべて』Vol. 19，日本修学旅行協会.

日本旅行（1970）『日旅六十年史』日本旅行.

日本旅行業協会［JATA］（2005）『2005年版　旅行業法解説約款例解説』日本旅行業協会.

――――（2022）『2022年版　旅行業法解説約款例解説』日本旅行業協会.

丹羽利男（1962）「旅行斡旋業者について」『運輸と経済』昭和37年3月号.

ノーマン，リチャード著（1993）『サービス・マネジメント』近藤隆雄訳，ＮＴＴ出版.

廣岡裕一（2007）『旅行取引論』晃洋書房.

――――（2013）「旅行商品としてのツアーバスの考察」『観光学』8号，和歌山大学観光学会.

松園俊志・飯田芳也監修（2006）『インバウンド概論』ジェイティービー能力開発.

三浦雅生（2000）「三浦雅生の新判例漫歩　Vol.36」『週刊トラベルジャーナル』2000年12月11日.

――――（2002）「旅行業の法規と約款」『旅行ビジネス入門　第3版』トラベルジャーナル.

―――――（2006）『改正・旅行業法解説』自由国民社.

―――――（2018）『標準旅行業約款解説　第 2 版』自由国民社.

宮内順（1996）『旅行業界早わかりマップ』こう書房.

―――――（1999）『旅行業の世界』ストリーム.

森下晶美（2007）「パッケージ旅行」香川眞編『観光学大事典』木楽舎.

山口一之・戸崎肇（1997）『社会の多元化と旅行産業』同文館.

旅行業法制研究会［旅行法制］（1986a）『旅行業法解説』トラベルジャーナル.

―――――（1986b）『標準旅行業約款解説』トラベルジャーナル.

湧口清隆（2011）「バス運賃の構造と規制緩和以降におけるバス運賃制度化改革の方向性」
　　　　『運輸と経済』第71巻第 7 号, 交通経済研究所.

第 *3* 章

国際観光ビジネスの変遷

1 日本の国際旅行市場の現状と旅行事業者のビジネス実態

1）国際観光とは

国際観光とは，一般的には「人が自国をはなれて，ふたたび自国へもどる予定で，外国の文物，制度などを視察し，あるいは外国の風光などを鑑賞，遊覧する目的で外国を旅行すること」（津田 1969: 8）とされている．ちなみに，世界観光機関（UNWTO：World Tourism Organization）は，「国際観光客」を「訪問の主な目的が，訪問国内で報酬を得るための活動を行わない人で，1泊以上1年未満で，居住国以外の国で通常の生活環境を離れて旅行する人」と定義している．このUNWTOの定義からは，国際観光は純粋な観光目的以外の旅行も含めた，より広い国際旅行を意味すると考えることができる．このことから，国際観光は，「自国に再び戻ってくることを前提に，国境を越え往来する旅行者の流れや観光交流をとおした，経済的，文化的，社会的，心理的な側面を含む観光行動，観光現象」といえる．また，国際観光は，一国単位で捉えると，迎える国際観光（インバウンド観光），つまり外国から内に向かって（インバウンド）生まれる観光客の流れ（外国人が自国を訪れること）と，送り出す国際観光（アウトバウンド観光），つまりある国から外に向かって（アウトバウンド）生まれる観光客の流れ（自国民が外国へ旅行すること）という双方向の観光で成り立っている（小林 2011: 80）．日本の国際観光では，日本人の海外旅行（アウトバウンド）と訪日外国人旅行（インバウンド）とに分けて考えることができるわけである．本章では，日本の国際観光，とりわけ国の最重要政策課題（観光立国実現・観光による地方創生等）であり，急拡大を続けているインバウンド観光を中心に以下，検証して行く．

2）日本の旅行市場の現状

　観光庁編『令和二年版　観光白書』によると，2019年 1 年間の日本国内での旅行消費額は，27.9兆円（2018年26.1兆円/前年比7.1％増）であった．内訳は，日本人の国内宿泊旅行17.2兆円（同15.8兆円/8.8％増），同国内日帰り旅行4.8兆円（同4.7兆円/2.1％増），同海外旅行国内消費分1.2兆円（同1.1兆円/ 9 ％増），訪日外国人旅行4.8兆円（同4.5兆円/6.6％増）である．日本人旅行者の国内での旅行消費額（宿泊旅行・日帰り旅行・海外旅行国内消費分合計）は， 2 年ぶりに増加に転じたが，訪日外国人旅行者による消費額は，2012年以降増加し続けており， 3 年連続して日本国内における旅行消費額全体の15％を超えた（2019年は全体の17.2％であった）（観光庁 2020: 27）．また，2012-19年にかけての旅行消費額内訳の推移を見ると，日本人の旅行消費額はほとんど変わらず成熟状態を保っているが，この間，訪日外国人消費は1.1兆円から4.8兆円と約4.8倍に増加している（同上書 2020: 27）．そして，この訪日外国人消費の経済的なインパクトは，例えば，2018年の訪日外国人旅行消費額 4 兆5064億円（インバウンド消費は物の輸出と同じ経済効果を導き出す）は，2018年，日本の年間製品別輸出額と比較すると，自動車に次いで 2 番目の規模に匹敵する（観光庁 2019: 57）．

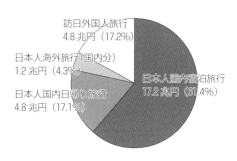

単位：兆円

年	2012	2013	2014	2015	2016	2017	2018	2019
日本人国内宿泊旅行	15.0	15.4	13.9	15.8	16.0	16.1	15.8	17.2
日本人国内日帰り旅行	4.4	4.8	4.5	4.6	4.9	5.0	4.7	4.8
日本人海外旅行（国内分）	1.3	1.2	1.1	1.0	1.1	1.2	1.1	1.2
訪日外国人旅行	1.1	1.4	2.0	3.5	3.7	4.4	4.5	4.8
合　計	21.8	22.8	21.6	24.8	25.8	26.7	26.1	27.9

図 3 - 1　日本国内における旅行消費額

出所：観光庁「旅行・観光消費動向調査」および「訪日外国人消費動向調査」より筆者作成.

　このように，コロナ禍直前には，インバウンド消費が日本の消費経済全体を下支えするまでに成長した．

　また，財務省が2015年に発表した2014年度（会計年度）の国際収支統計によると，訪日外国人旅行者による消費が貢献して，旅行収支（外国人旅行者が日本で使った金額から日本人が海外で支払った額を差し引いた額）は，1959年度以来，55年ぶりに黒字となった[1]．その後も黒字で推移し，2019年は，2兆7023億円（前年比11.8％増）と過去最高の黒字額を記録している（観光庁 2019: 18）．このように日本の稼ぐ力の構造が大きく変わってきたのである．

　次に，出国日本人と訪日外国人の旅行者数の時系列推移に目を転じてみよう．

　まず，出国日本人旅行者数については，80年代後半から90年代後半まで成長軌道を描いてきた．しかし，21世紀に入ってからは増減を繰り返し，停滞していたが，2019年，ついに念願の2000万人超え（2008万人）を果たした．一方，訪日外国人旅行者数は，2003年のビジット・ジャパン・キャンペーン以降10年間で約2倍，2014年は約1341万人にまで急増，2015年には，年間約2000万人に迫る1973万人を記録し，1970年以来45年ぶりに訪日外国人旅行者が日本人の海

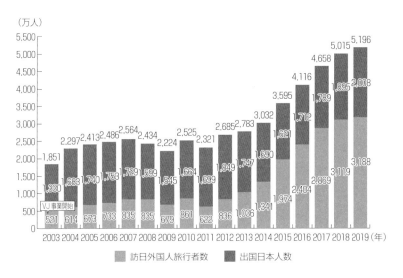

図3-2　訪日外国人旅行者数・出国日本人数の推移

出所：日本政府観光局（JNTO）〈https://www.mlit.go.jp/kankocho/siryou/toukei/in_out.html〉（2021年2月13日アクセス）．

外旅行者数を上回る結果となった．そして，2017年2869万人，2019年には3188万人（観光庁 2020: 16）（2003年の約6.1倍），2020年，東京オリンピックを控え，訪日外国人旅行者4000万人の政府目標数の実現が視野に入ってきたかに見えた．

3）コロナ禍前の旅行事業者のビジネス実態

さて，このようにインバウンドが，急成長を遂げてきた市場環境下での国内旅行事業者のビジネス実態について確認しておこう．まず，国内旅行事業者の現況をコロナ禍直前の取扱実績の内訳（令和元年度の旅行取扱実績）で見ると，訪日外国人旅行者取扱額については，旅行業者の総取扱額全体の約4.7％にすぎない．取扱額全体の約60.1％が日本人の国内旅行，約35.2％が日本人の海外旅行と全取扱額の約95.3％が日本人相手のビジネスで成り立っていることが分かる[2]．この数字が示すように国内旅行事業者は，構造的に収益の大半を日本人相手のビジネスに依存しており，成長分野であるインバウンド需要をほとんど取り込めていないのが実態である．見方を変えると，ビジネス拡大の余地を十分残しているともいえる．

ここ数年の国内旅行事業者のインバウンド取扱高の推移を見ると，前年比で連続して大幅に増加していることが分かる（2013年度26.1％増，2014年度35.2％増，2015年度44.0％増，2016年度14.0％増，2017年度12.1％増，2018年度12.9％増，2019年度8％増，なお，2019年度はコロナ禍の影響を受けた第4四半期を除くと19％増である）[3]．最近では，これまでの日本人市場に偏りすぎた収益構造を改め，今後も成長が見込むことができるアジア地域を中心としたグローバル市場に向けた積極的な事業展開が見られるようになった．例えば，外国系旅行企業とのM&A（Mergers合併and Acquisitions買収）やB to B（企業間取引）を基本とした企画や手配業務に加え，訪日外国人FIT旅行者（Free/Foreign Independent Travel＝個人旅行形態）を対象としたウェッブサイト上での旅行商品の販売，海外における新規店舗の出店，目的地域（日本での到着地域）での外国人対象の販売拠点の開設等，B to C（外国人旅行者向けの直販ビジネス）への対応強化である．

以上のように，2019年末までの国際観光市場，とりわけ急拡大する日本のインバウンド旅行市場の現状と国内旅行事業者のビジネス実態について概観してきたが，状況が一変する．2020年1月に入るや，中国武漢に端を発するとされる感染症,新型コロナウイルスの世界的蔓延である．このパンデミックにより，国外はおろか，国内の県境を越える往来さえ，制限が加えられる状況に陥った．

　このようなコロナ禍と呼ばれる状況を機に，改めて想起させられたのは，旅行のような人の往来においては，安心・安全が最も根本的な条件であることである．あり，地域の安心・安全を守るためには，国が移動に規制や制限を加えることもいとわないことである．他方，旅行の促進，とりわけ国境を越えての往来，すなわち国際観光等の振興においては，規制を撤廃または緩和することが重要であり活性化に繋がることが確認された．具体的には，国際間の移動手段である航空機等の乗り入れ（参入）規制や運賃規制の撤廃，査証の条件緩和等である．

　日本も21世紀に入ったころから「観光立国」実現に向けて，これらの規制を緩和あるいは撤廃するところから始め，短期間で今日のインバウンド需要の盛隆期を迎えることとなった．しかし，短期間での急激なインバウンド需要の膨張は，例えば，オーバーツーリズム現象や旅行サービスの品質劣化，観光産業の低い生産性，地域振興との乖離といった諸問題を，既にコロナ禍前に顕在化させていた．コロナ禍は，このような課題を改めて，熟考させる機会を与えたのかも知れない．そこで，本章では，コロナ禍終息後を見据え，あらためてこれまでの日本の国際観光，とりわけインバウンド観光に対する発想を中心に時系列に捉え検証するところから始める．

　具体的には，「インバウンド（訪日旅行）市場の変化と旅行ビジネス」をテーマに，インバウンド市場に影響を及ぼしてきた国の国際観光政策の変遷過程を時系列に4つの段階で捉え，各政策の中身，そして政策に伴う旅行市場やビジネスの変化について検証する．なお，変遷過程の4区分であるが，近代化以降，現在に至る日本の国際観光（インバウンドを中心に）政策について，各時代特性を踏まえ，Ⅰ期＝黎明期（開国から終戦1868～1945年），Ⅱ期＝復旧・再生期（終戦直後から大阪万博1945～1970年），Ⅲ期＝停滞期（貿易立国からバブル経済の崩壊1971～2002年），Ⅳ期飛躍期（観光立国実現に向けて2003～2019年）とする．

　そして最後に，コロナ禍終息後を見据え，既に顕在化しているインバウンドに関する諸課題への対応や，これからの日本における持続可能な観光発展に向けて，発想をどのように転換し，実践するのか，そして，あらためて求められる国内旅行事業者の役割や機能について言及する．

2　国際観光政策の変遷過程と旅行市場およびビジネスの変化

1）第Ⅰ期　インバウンド黎明期（開国から敗戦［1868〜1945年］）

　明治維新直後の国際観光政策は，開国による外国人の受け入れおよび対応に始まり，国内外の要請に呼応したものであった．例えば，外国人の国内旅行制限，不平等条約改正による旅行制限の撤廃，医療・学術目的に限定した政府公式観光ルート「Numbered Routes」の設定など国内や外交政策の補助的役割（渡邊智彦 2004: 68）を果たしていた．その後，世界的な潮流であった外貨獲得を目的とするインバウンド政策を国家政策の1つとして取り組むようになる．特に距離が比較的近く経済力の大きい国としてアメリカをマーケットとして重視した．

　当時のインバウンド政策の主体であるが，明治初期，政府内にインバウンド政策を推進する機関は存在しなかった．開国直後はホテルなど民間業者が個別に外客接遇を行っていた．日本の近代化が進展するこの時期には，外国人が自由に旅行できる法的な権利がまだ存在しなかったが，国際派の政治・経済分野の重鎮であった渋澤栄一，益田孝らが中心となり，民間レベルでの国際交流が積極的におこなわれた．そして，外国人に対するもてなしを，商工会議所を中心に歓迎する姿勢を明確にし，1893（明治26）年，外国人受入れを改善することを目的とする公的色彩の強い非営利組織「喜賓会」（Welcome Society）が創立された（JTB 2012: 6-7）．喜賓会の設立は，日本のインバウンド観光振興の始まりであり，鎖国時代から開国，そしてようやく動き出した国際交流に向けて，時代の転換点であった．

　その後，国が主体となり積極的にインバウンド政策を推進，1912年（明治45年）になって，外国人観光客誘致と接遇を担うべく団体として「ジャパン・ツーリスト・ビューロー」（以下，ビューローと記す）が設立された．これが現在のJTBの創業とされる．

　ビューローは，鉄道院（後の鉄道省）が中心となって，旅行サービス提供機関である日本郵船，帝国ホテル，南満州鉄道などが会員として出資し設立された．その事業は，実質的には喜賓会の役割を引き継ぐ形となり，外客誘致，海外への日本の宣伝，そして訪日した外客のあっ旋が主要業務であった．しかし，鉄道省は，第一次世界大戦後のインフレや1923年の関東大震災等の影響で，景気

が後退し，鉄道収入が減少するのに際して，鉄道収入増大に向けて鉄道旅行を奨励するようになる．このため，ビューローでも邦人旅客に対する乗車券類の代理販売を積極的に拡大する方針をとった．1927年には，代理販売収入が会員からの収入を上回った．1935年（昭和10年）ビューローは，鉄道省主催の団体旅行のあっ旋を一手に引き受けるようになるなど，旅行業的な事業としての取り扱い範囲を広げてゆくことになる．

　昭和初期になると政府内にインバウンド促進機関として，鉄道省外局「国際観光局」とその諮問機関「国際観光委員会」（1930年設立）が設置され，対外宣伝や国内観光事業の指導などを行い，インバウンド推進組織体制が確立された．具体的には，「国際観光局」の下，半官半民の「国際観光協会」（1931年）と「ジャパン・ツーリスト・ビューロー」が外客誘致実施機関として活動を行った．海外宣伝，観光資源の保護と開発，観光施設の整備，国際観光ホテル等宿泊施設の整備，交通機関の整備，外国人への接遇改善など，積極的な活動が進められた（渡邊智彦 2004: 68-72）．

　しかし，その後の国際情勢の悪化により，1940年（昭和15年）になると鉄道省は「不要不急の旅行は遠慮して国策輸送にご協力ください」というポスターを各駅に張り出して，旅行の制限に乗り出すこととなり，娯楽的な旅行は制約を受け始める（JTB 2012: 31）．また，海外観光宣伝は，「日本の国情宣伝」の色彩が強まったが，第二次世界大戦の開始により中断に追い込まれ，鉄道省国際観光局は1942年に廃止，国際観光協会も1943年に解散（日本交通公社 2004: 218）し，観光行政は消失した．また，時局に合わせビューローは，その名称を1942年に財団法人東亜旅行社，43年東亜交通公社と変え，また業務内容も占領地となった南方への事業拡大や旅館の経営に重点を置き，占領地域に対する文化宣伝業務を活性化させる等，戦争遂行に伴う事業（日本交通公社 2004: 34）に集約されてゆく．

2）第Ⅱ期　インバウンド復興期（敗戦直後〜大阪万国博覧会［1945〜1970年］）

（1）占領下のインバウンド［1945〜1952年］

　敗戦直後，連合国の占領下荒廃した経済環境の中で，資源のない日本にとって，インバウンドを中心とした観光事業の振興策は，外貨獲得，失業救済対策，文化国家建設への貢献をもたらす最も重要な国土・経済復興策として位置付けられた．そして，インバウンド政策の主体として，観光行政機関「運輸省鉄道

総局業務局観光課」(1946年) が設置された (後に1949年「運輸大臣官房観光部」,
1955年「運輸省観光局」に改組される). また, 観光行政の総合的推進を目的に,
1948年,「観光事業審議会」が内閣に設置された (1963年,「観光政策審議会」に発展).

　他方, 戦後の海外への宣伝は, 一手に「財団法人日本交通公社」(旧ジャパン・
ツーリスト・ビューロー) が担うことになったが, その後, 公的な海外宣伝活動は,
「㈶国際観光協会」(1955年設立) が担い, 「㈶日本観光協会」(1959年改組),「㈶
国際観光振興会」(1964年改組) に受け継がれた (渡邊 2004: 70).

　また, インバウンド事業振興を助成する法律として, 1949年に, 外客接遇の
向上を図ることを目的とした「通訳案内業法」が制定されたのをはじめ,「国
際観光事業の助成に関する法律」, 外国人旅客用宿泊施設整備のための「国際
観光ホテル整備法」, 1951年には,「出入国管理令」制定による入国手続きの簡
素化, 1952年, 外国人旅行者保護を目的とした「旅行あっ旋業法」の制定など
諸制度が整備された (羽田 2019: 94).

（2）高度経済成長期の国際観光（インバウンド）[1952年（日本の主権回復）〜 1970年（大阪万博）]

　1950年代後半から60年代前半にかけて, 経済の自立と高度成長が軌道に乗り
始めた日本は, 東京オリンピックの誘致に乗り出し, 成功する. そして, オリ
ンピック開催に向けて, 外国人客受入れ体制について早期の拡充整備の必要性
が高まり, 政府による観光計画が策定された. その1つとして, 1956年に策定
された観光事業審議会による「観光事業振興5ヵ年計画」(1957年度を初年度に
1961年度を目標とする) が挙げられる. この計画では, 観光地域・観光ルートの
設定, 資源の保護, 交通施設の整備, 対外宣伝活動の強化, 接遇改善など, 国
内のハードおよびソフト整備が総合的に計画されており, また同時期に政府が
計画中であった「自立経済5ヵ年計画」との整合性も保たれ, 経済計画として
の性格も備えていた (渡邊 2004: 70).

　この間, 需要面では, 日本が主権を回復した1952年を契機に, アメリカ人を
中心に7万2000人であった訪日外国人旅行者は, 東京オリンピック開催年の
1964年には35万人, 大阪万博の開かれた70年には85万人と, 国際的なイベント
開催により, 東京や大阪という日本の2大都市が世界の注目を集め, 年平均
10〜20%の伸びを示した.

　一方, 旅行業を中心とした供給サイドの動きでは, 1954年から始まった豪華

国際周遊観光船の来訪に合わせ，当時の日本交通公社（現在のJTB）が，欧米の世界的な旅行会社からの団体手配旅行を請け負ったり，訪日した外国人に対して，「日光」「鎌倉」「箱根」「岐阜・鵜飼」等の定期スペシャルツアーを催行したりするなど，積極的なセールス活動を展開していた．また，1959年，訪日旅行への運送手段として，太平洋路線にジェット旅客機が就航することになり，航空機による訪日旅行者数が飛躍的に伸びた時期でもあった．63年には，航空機での入国者は73.3％を占めるようになり，69年には港からの入国者はついに10％を割り，航空機全盛時代を迎えた（JTB 2012: 122）．

　増加する訪日旅行者に向けて，大手旅行各社は，インセンティブツアー（報奨旅行）や国際会議の招致，主催旅行商品の開発など，積極的な展開を図るようになる．当時，国内の大手旅行業者の訪日旅行者を取り扱う社内部署は外人旅行部と呼ばれ，米国を中心に欧州や東南アジアの富裕層や企業を対象としており，高収益を生み出す花形部門であった（岐部・原 2006: 33）．そして，このインバウンドの伸びに支えられ旅行各社は，今日にいたる旅行業ビジネスの基礎を築き上げていったのである．

・当時の各社のインバウンド営業戦略

　1963年，株式会社日本交通公社外人旅行部は「大量仕入＝大量送客」をベースとした低価格な主催旅行「サンライズツアー」を，64年3月から商品化することを内外に発表した．

　この商品の特長は，これまでの訪日外国人旅行と異なり，個人でガイドを雇ったり，さまざまな現地での旅行素材を自ら手配したりする必要がないこと，そして，これまでに比べて安価に，旅行素材がパッケージ化された商品として，旅程の手配を旅行業者に任せることができることであり，さらに，個人では訪れることが難しかった場所にも観光ができるようになったこと等である．また，この商品の販売手法は，海外エージェントだけでなく，国内の旅行業者も販売することができるという当時としては，先進的な外販（提携販売：交通公社と提携販売契約を結んだ旅行業者が旅行商品として販売する）手法を採っていた．この商品ブランド「サンライズツアー」は，現在に至るまで継続して販売されている（JTB 2012: 123-124）ロングセラーブランドである．このような外国人対象の主催旅行商品として，日本交通公社主催の「サンライズツアー」の他に，藤田観光主催のImperial Coachman Tours（1961年開始），阪急交通社主催のJapan Holiday Tour（1969年開始）などがあった（阪急交通社 1991: 107）．

　他方，新たなアイデア商品として，1964年6月には，交通公社による産業観光ツアー（テクニツアー）がスタートした．「日本の産業を見よう」をテーマに，英・独・仏・スペイン4か国語で日本の風土や産業を紹介したパンフレットを作成し，在外事務所をはじめ在外公館，国際観光振興会，日本貿易振興会を通じて配布された．このツアーは，これまで社寺仏閣に偏りがちであった日本の観光から一歩進めて，当時外国人の間で話題となっていた日本の一流メーカーや大企業の工場施設，生産ラインを視察しようというものであった（JTB 2012: 124）．現在の産業観光の概念は，すでにこの時代に構想し実現していたのである．

　また，1964年に創設された日本交通公社（現JTB）の米国法人JTB International, Inc（JTBI）では，情報の提供，ツアーの販売，ホテル手配，現地旅行会社との連携，日本の7ホテル（日光金谷ホテル，帝国ホテル，横浜ニューグランドホテル，箱根富士屋ホテル，京都ホテル，ホテルニュー大阪，大阪グランドホテル）の予約代行（ホテルレップ）業務を開始しており，主に訪日を希望する現地人（米国人）を対象としたビジネスを展開していた．

・観光行政の変化の兆しと旅行ビジネス全般の流れ

　戦後の観光行政は，前述したように，外貨獲得・失業救済対策・文化国家建設への貢献をもたらす最も重要な国土・経済復興策として位置付けられていたインバウンド振興を中心としたものからスタートした．その後，1954年以降，高度経済成長の進展とともに，国民所得の増加，労働時間の短縮など，国民生活の安定化に伴い，余暇やレジャー活動の機会が増大すると国民大衆旅行への意識が高まり，観光そのものの振興や，国内観光の発展が観光行政の大きな目標として加わり，その理念や目的は，観光関連法規を総合化・一体化した「観光基本法」（1963年公布）（渡邊 2004: 69-70）として示された．

　そして，1964年，日本人の海外渡航が自由化された．日本は，1968年には米国に次ぐ世界第2の経済大国となり，外貨獲得を目的としたインバウンド誘致は，やがて国の政策上の力点からはずれ，国際観光の振興，すなわち，外国人旅行者誘致一辺倒ではなく，日本人の海外旅行を含め，相対的に国際親善の効果がインバウンド促進の意義として前面に押し出されてゆく（日本交通公社 2004: 217）．

　軌を一にして旅行ビジネスにおいても，前述したように，戦後早期に，日本の経済復興を図るうえで重要になると考えられた外国との貿易や経済交流を見

据え，海外渡航業務や外国人旅行者のあっ旋などインバウンド関連業務をいち早く再開した．やがて，高度経済成長期に入ると，国民の所得水準も着実に向上し，旅行ブームが起こり，国内旅行を中心にマスマーケットが誕生した．この時期は，団体旅行が中心であり，特に職場旅行が大きな部分を占めた．

　1960年代に入り，旅行を取り巻く環境も大きく変化する．国民の海外渡航の自由化（1964年），ジャンボジェット機に代表される大型・大量・高速輸送時代の到来（1969年），国際的な大型イベントである東京オリンピック（1964年）や大阪万国博覧会（1970年）の開催である．特に国際的イベント開催に向けて，高速道路網の建設，東海道新幹線の開通，航空機輸送の普及等の輸送基盤が着実に整備されていった．また，宿泊施設に関しても，増加が予想されるインバウンドに向けて，東京や大阪を中心にその周辺都市にもホテルブームが派生していった．

　1970年，大阪万国博覧会開催の影響もありインバウンドは，前年比40%増の85万4419人，そして万国博覧会の入場者数は，国内旅行者数を含め，延べ6400万人を超える来場者を記録し，インバウンド，国内旅行共に繁栄のピークを迎えたのである．

　他方，旅行各社は，東京オリンピック，大阪万国博覧会という大型イベント開催を見据え，これまでの需要発生ベースの代理販売業態から，新たに旅行をストックのきかない商品（サービス）であると見立てた旅行商品の企画・造成・販売に注力，受注生産方式（受動型）から見込み生産方式（能動型）へとビジネスの重点を移してゆく．すなわち，旅行は「あっ旋するもの」（旅行あっ旋業）から「商品として販売するもの」（旅行業）へと大きく変容していった．そして，このような概念や手法の多くは，インバウンド事業から発生し，その後，国内旅行，海外旅行ビジネスへと伝播したものであった．

3）第Ⅲ期　インバウンド停滞期におけるアウトバウンド（海外旅行）重視の時代（海外旅行大衆化～バブル経済醸成～バブル崩壊・経済停滞期［1971～2002年]）

（1）70年代の旅行ビジネス（インバウンドからアウトバウンド需要拡大へ）

　1970年，繁栄のピークを迎えたインバウンド市場（85万4419人）であったが，翌1971年には，万博需要の反動，ドルショック[6]による円高の始まり，そして大型観光船による東洋周遊や世界一周コースから日本寄港の除外[7]等により，訪日

外国人旅行者数は前年比 2 割以上減少（66万715人）した．その後，インバウンド需要が70年の数字を回復するのに76年（917万4922人）まで 6 年間を要することとなる．

　このように，70年代は，それまで訪日客の主要送出国であった米国の景気低迷と変動相場制への移行による円高基調（US＄の下落）により，訪日旅行が高額なものとなり，訪日意欲が減退，訪日客数も減少した．

　一方，高度経済成長過程にあった日本では，国民所得の持続的上昇と自由時間の増大などにより，レジャーの大衆化・大型化をもたらした．特に70年，ジャンボジェット機日本就航による大量高速輸送時代の到来は，海外旅行の大衆化を実現させた．具体的には，新しい運賃制度であるバルクIT運賃（Bulk It Fare＝座席一括買取り制包括旅行運賃）の導入である．この運賃を適用することによって，例えば，従来60万円であったヨーロッパ旅行商品が30万円に，ハワイ旅行は，30万円が15万円で販売できるという大幅な低価格化が実現した．また，外国為替市場での円高基調は，海外での旅行素材の仕入れ価格を押し下げる効果があり，航空運賃のみならず，ホテルの仕入れ価格，海外での食事や買い物などにもメリットをもたらすことになり，一気に日本人の海外旅行需要を押し上げた．インバウンド需要とは逆に日本人の海外旅行需要は本格的な成長期を迎えることとなった．1971年，日本の国際旅行市場において，インバウンド（66万715人）とアウトバウンド（96万1135人）需要が逆転した．その後，10年間でインバウンドはアウトバウンドの 3 分の 1 となった．そしてこの逆転状況は，2015年まで44年間続くこととなる．

（2）国際観光政策の転換と80年代の旅行ビジネス（テンミリオン計画の策定〜アウトバウンドの最盛期とインバウンド不毛の時代［1980〜2000年］）

・テンミリオン計画の策定

　二度にわたるオイルショックを乗り越え，日本経済は安定成長を継続，輸出増加による貿易黒字はアメリカとの間で貿易摩擦を引き起こした．政府は貿易摩擦の緩和に向け，これまでの観光政策を改め，貿易収支の大幅な黒字を，海外旅行支出を増加させることにより，国際収支のバランスを改善することを目的に，海外旅行倍増計画（テンミリオン計画）を策定する．これにより日本の観光政策は外国人誘致による外貨獲得から海外旅行振興による外貨消費へと方向転換した．この計画の具体的な数値目標は，1986年の日本人海外旅行者数552

万人を87年から5年以内に1000万人にするというものである．超円高や好景気などの追い風もあり，90年に1000万人に達し計画の目的は達成された．具体的な成果として，政府が期待したように，86年に貿易黒字額の6.1％であった旅行収支の赤字が，90年には33.5％まで拡大し，貿易黒字の3分の1強を旅行収支の赤字で相殺するまでになった（運輸省 1991: 付表）．この間，日本の旅行業界は日本人を対象とした国内旅行および海外旅行ビジネスに専心，インバウンド事業は合理化の対象となり，撤退もしくは縮小が相次いだ．

・インバウンド市場構造の変化と国内旅行事業者空白の時代

　他方，インバウンド市場の構造も変化して行く．すなわち，訪日外国人の発地国の変化である．1978年，アジアからの訪日客数が北米からの旅行者数を追い越した．そして，1979年1月の台湾での海外渡航自由化，そして韓国の段階的な海外渡航の自由化，1989年の完全自由化等によって，訪日外国人旅行者市場は，遠方の欧米諸国からこれら近隣のアジア諸国へと徐々に比重が移り，円高の進展による欧米諸国からの訪日旅行者の減少を補ってなお，インバウンドの全体としての増加基調を支えることとなった（日本交通公社 2004: 220）．背景には，台湾，香港，韓国等アジア地域の急速な経済発展が挙げられる．

　85年には42％であったアジア地域からの訪日客比率が2000年には65％までに増大した（岐部・原 2006: 166-167）．なお，2019年現在のアジア地域の訪日客シェアーは82.7％である．

　この間，香港，台湾，韓国等の国および地域発訪日ビジネスは，自国系ランドオペレーターを日本で育成し，自主オペレーション体制を確立させた．一方，欧米からのツアーの地上（ランド）手配を主業務としていた国内旅行事業者は，手配実務，言語，コストの面でアジア地域発のインバウンド市場において，アジア系ランドオペレーターと太刀打ちできなくなり，国内旅行業界全体としてインバウンドへの関与が著しく低下した（岐部・原 2006: 166-167）．これが，今日，国内旅行事業者のインバウンド取扱構成比率が極端に低い要因の1つである．国内旅行事業者は，85年のプラザ合意以降，円高基調による欧米からのインバウンド需要の減退，アジア系ランドオペレーターの台頭などにより，インバウンド事業からの撤退が相次ぎ，2000年までの15年間は，インバウンド空白の時代といわれるようになった．

・インバウンド，アウトバウンド，市場規模の格差拡大［1990〜2000年］

　テンミリオン計画達成後の1991年，政府は新たな国際観光振興のための行動

計画として「観光交流拡大計画」（ツーウェイ・ツーリズム21）を策定した．この計画は，1990年に海外旅行者数が1100万人，インバウンド324万人と格差がついた日本の国際観光市場を踏まえ，日本人海外旅行の質的向上や訪日外国人旅行者誘致促進により観光交流客数のアンバランスを是正し，日本の経済的地位に見合った国際的評価を目指したものであった．しかし，その後も円高進行を背景に，インバウンド需要は伸び悩み，海外旅行者数とのバランスはさらに拡大する．95年には，円高ドル安がさらに進み，1 US＄＝79円75銭という過去最高値を記録し，海外旅行者数と訪日旅行者数の差は過去最大の4.57倍にまで拡大した．

　この間，日本経済は，バブル崩壊などにより，デフレ現象が進行し，失われた10年とも20年ともいわれるような深刻な経済的停滞状況が継続した．また，東西冷戦の終結に伴う経済のグローバル化に伴う生産設備の海外移転による地場産業（地域経済）の空洞化など，これまで製造業立国日本を支えてきた社会構造が大きく変化した．

　1996年4月，観光交流による地域活性化を目的に，2005年までに訪日外国人旅行者数を700万人に倍増させ，観光交流による地域活性化（地方圏への誘客を促進すること）を目的とした「ウェルカムプラン21（訪日観光交流倍増計画）」が提唱され，その具体化のため，1997年「外国人観光旅客の来訪地域の多様化の促進による国際観光の振興に関する法律（外客誘致法）」が制定された．ここにきてインバウンド振興は再び観光政策の中心的な課題として浮かび上がってきた．

　さらに，2000年5月，「観光産業振興フォーラム」において，概ね2007年を目途に訪日外国人旅行者数を800万人に倍増させることを目標とする「新ウェルカムプラン21」が取りまとめられ，国・地方における外国人来訪促進施策の充実強化，民間の観光業界における外国人来訪促進のための取組の充実強化などの事項が盛り込まれた（赤松宏和 2007: 5）．

　一方，このような観光政策の再転換に対して，2001年，旅行業界を代表する日本旅行業協会（以下，JATAと記す）は，「旅行業から見た21世紀の活路」という副題でインバウンドツーリズム拡大に関する提言を以下のように行った．

　「日本の旅行会社は，業界全体として特に伸長著しいアジア市場の取り込みが遅れてしまい，後発企業としてインバウンド市場参入には困難が伴っていると現状を捉えている．そして，インバウンドへの関与が少なくなった理由として，外国人旅行事業の取り扱いが煩雑で収益が不安定であること，日本の旅行

業法が外国人旅行に適用されず価格・サービス競争が極限化していること」，などを挙げている．

　その上で，「インバウンドは経済波及効果や社会的意義が大きく，国内観光地のレベルアップ効果，異文化との交流による教育効果，日本社会の国際化と国際交流に対する効果，国際平和への貢献など，国民生活の向上や日本の国際的地位の向上に直結する多面的な効果が期待できる」としている．JATAは，旅行業界が上述の理由によりインバウンドへの関与が希薄になっていることを反省し，関連機関への提言を行うとともに旅行業界自らが取り組むべき課題として，①市場ニーズにあった新旅行商品開発，②関連業界，訪問地との連携による受入体制の整備，プロモーションの増強，③インバウンドビジネスの人材確保と要請，④IT先端技術を活用した情報インフラの整備，⑤その他インバウンド連絡協議会の設立等をあげ，その実行を決意している（岐部・原 2006: 167-167）．

4）Ⅳ期　インバウンド飛躍期（観光立国実現に向けて［2003〜2020年］）

（1）重要政策課題としての観光振興（インバウンド重視そして観光立国宣言へ）

　その後，21世紀になり，日本では本格的に観光振興政策が主要政策課題となる．

　2002年2月，第154回国会における当時の小泉首相の施政方針演説で，観光振興が内閣の主要政策課題となる．内閣で取りまとめた「経済財政運営と構造改革に関する基本方針2002」では，経済活性化戦略のアクションプログラムの

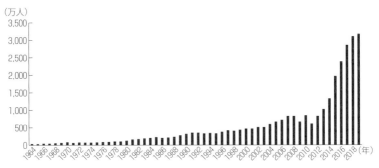

図3-3　訪日外国人旅行者数の推移（1964年以降）

出所：日本政府観光局（JNTO）発表統計よりJTB総合研究所作成.

1つとして「観光産業の活性化・休暇の長期連続化」が取り上げられ，その中で外国人旅行者の訪日促進策として外国人旅行者の訪日を促進するグローバル観光戦略を構築する記述がなされている（国土交通省 2003: 58）．

　2003年，第156回国会施政方針演説において小泉首相は，観光を国家戦略の1つとする「観光立国宣言」を行い，2003年を「訪日ツーリズム元年」と位置付けた．そして，2003年から，外国人旅行者の訪日を促進するための具体的戦略として，国，地方自治体および民間が共同して取組む，国を挙げての戦略的なビジット・ジャパン・キャンペーン（VJC）を展開した（国土交通省 2003: 64-65）．

　政府の観光振興重点化方針の背景には，人口減少や工場の海外移転等によって疲弊し空洞化している地方都市の存在と，膨大な財政赤字問題があったと考えられる．国や地方の財政状況の悪化などから，これまでのような大規模公共投資による地域振興策は難しい．そのような状況の中，考案されたのが観光による地域振興策である．観光による地域振興は，大規模公共投資に比べ，投資額が少なく，経済・雇用波及効果が大きい．また地域の自助努力が求められる観光は，自らの地域を見つめ直す機会を得ることによる自信と誇りの醸成，そしてイノベーションへの期待，すなわち地域住民の活性化にも繋がるという利点もある．緊縮財政を強いられる政府にとっては格好の政策選択であった．

　これまで日本では，混乱期を除き観光は，重要な国家的政策課題とはされなかったが，2003年の小泉首相の「観光立国宣言」以降，重要な国家的課題（国家戦略）として位置付けられるようになった．

1．国際観光の推進はわが国のソフトパワーを強化するもの ⇒ 外交を補完

2．観光は少子高齢化時代の経済活性化の切り札 ⇒ 高い経済効果

3．交流人口の拡大による地域の活性化 ⇒ 雇用創出・地方創生の切り札

4．観光立国により国民が誇りと自信を取り戻す ⇒ 国の価値の再認識

> ～ 観光交流人口の拡大による日本の再生 ～

図3-4　観光立国の意義

出所：JINTO日本政府観光局作成分を引用〈https://action.jnto.go.jp/wp-content/uploads/2017/12/1〉（2021年2月13日アクセス）．

　そして，2006年には，観光立国推進基本法の成立，2007年，観光立国推進基本計画の策定，2008年には観光庁が設置された．この間政府は，掛け声だけではなく，これまでにない本気度で，インバウンド需要を決定づけると考えられる政策を実行に移した．すなわち，外国人受け入れに関わる着実な基盤の整備である．具体的には，国際航空運賃の自由化や外国籍航空会社の地方空港への路線開設や増便の原則自由化（LCCの地方への参入促進），査証取得要件（観光目的）の大幅緩和等，自由化や規制緩和等の積極的推進だ．

　そして，このような政府の積極的な政策が功を奏し，2013年，当面の目標であった訪日観光客数1000万人を達成した．前述したように，その後もインバウンド市場は成長を続け，2019年には過去最多の訪日外国人客数3188万人，旅行消費額4兆8113億円を記録した．このように，2020年の東京オリンピック・パラリンピックを控え，日本におけるインバウンド市場はまさに飛躍期を迎えようとしていたのである．

（2）政策課題としての観光による地方創生

　政府は，観光の持続可能な発展を見据え，2016年に「明日の日本を支える観光ビジョン」を策定した．その中で，観光立国実現に向けて「全国津々浦々その土地ごとに，日常的に外国人旅行者をもてなし，日本を舞台とした活発な異文化交流が育まれる，真に世界へ開かれた国」を目指すとともに，「観光は，真に我が国の成長戦略と地方創生の大きな柱である」と認識し，観光による地方創生を掲げている．

　同時に政府は，観光立国実現に向けて，喫緊の課題として，特定地域への旅行者の集中，すなわち，旅行需要の地域分散化を挙げている．有名観光地や大都市だけでなく，人口減少・少子高齢化に直面する地方都市・地域において，需要や雇用を創出する可能性のある観光交流人口を確実に取り込むようにすることこそが，観光立国実現（地方創生）に向けての最重要課題であると捉えている．そして，旅行需要の地域分散化を促すためには，訪日リピータ層へのアプローチが必須であろう．同時に，訪日リピータ層の満足度向上のためには，旅行サービスの品質管理が求められる．そして，今後このような重要課題の解決に向けて利活用できるのが国内旅行事業者の役割や機能ではないだろうか．

3　地方創生に資する国内旅行事業者の役割や機能

1）訪日インバウンド旅行ビジネスの仕組み

　日本におけるインバウンド旅行ビジネスの仕組みについて，あらためて振り返ってみよう．基本的に訪日インバウンドの需要（マーケット）は，海外にあり，それぞれ観光やビジネス（業務性旅行），MICE（企業などの会議・報奨・研修・展示会や見本市等），教育等を目的として日本にやってくることでビジネスが成り立っている．基本的なビジネスの流れは図の通りである．

　訪日旅行を計画している外国の旅行会社は，訪日旅行商品を造成して自国内で販売したり，旅行者の求めに応じて旅行素材の手配を行ったりする．国内旅行事業者は，海外の旅行会社から依頼を受け，ランドオペレーター（地上手配業者）としての事業，すなわち旅行商品を企画・提案したり，旅の構成要素であるさまざまな旅行素材（ホテル，レストラン，鉄道，観光体験，ガイド等）の手配を行ったりする．そして，それらのサービスを仲介，提供，することによって対価を得ることになる．

　次に，外国にある企業や組織（日系の現地法人を含む）が現地の旅行会社を通さず，企業や組織の旅行担当者であるオーガナイザーを通じて，直接日本の旅

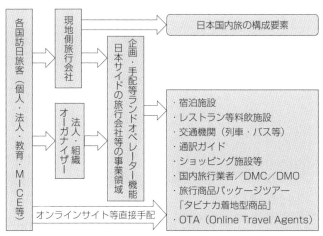

図3-5　日本のインバウンド旅行ビジネスの仕組み

出所：筆者作成.

行業者等に旅行手配を依頼するケースもある．そして最後に，オンラインを通じての予約である．これは，多くの場合団体旅客ではなく，FIT（Foreign/Free Independent Tour/Travel）といわれる個人旅行者のリピータ需要が中心となる．グローバル市場に向けて開設されたネットサイト（国内外のOTA＝Online Travel Agentsであったり，単品旅行素材サプライヤであったりさまざまである）に個人がアクセスし，日本における旅行素材を手配・予約するものである．近年，こうした個人旅行需要がリピータ層を中心に増加している．

2）国内旅行事業者のランドオペレーターとしての存在意義

　国内旅行事業者が，インバウンドビジネスにおいて主に関わることになるランドオペレーター（国内における旅行サービス手配業者）としての機能は，訪日旅行の品質に大きく関わり，顧客の満足度やリピータ層の獲得に直結する極めて重要な役割を担うことになる．

　しかし，現実には国内外の事業者による価格競争などが行き過ぎ，旅行を扱う事業者によって著しく品質レベルに差が生じている．このような現状を踏まえ，2013年，日本旅行業協会は，訪日外国人旅客に対して旅行の品質を保証する目的で「ツアーオペレーター品質認証（保証）制度（Tour Quality Japan）[15]」を導入した．また監督官庁である国土交通省は，「訪日外国人旅客が増加することにより，①旅行サービス手配業者（いわゆるランドオペレーター）に旅行手配を丸投げすることになり，安全性が低下する事案が発生したり，②訪日外国人旅行の一部において，キックバックを前提とした土産物店への連れ回し，高額な商品購入の勧誘等の実態があったりと，是正が必要」という旅行の品質向上化に向けた見解を示した．そして2018年，旅行業法を改正し，旅行サービス手配業者（ランドオペレーター）を営む事業者は，旅行サービス手配業を行う主たる営業所の所在地を管轄する都道府県知事の登録を受けることが必要となった．すなわち，悪徳業者の排除，訪日旅行の品質向上化である．これら旅の品質に関わる諸制度の導入は，持続可能な観光発展に欠かせない顧客層であるリピータ獲得に向けた，国内旅行事業者による高品質な訪日オペレーション実施に繋がるものと期待されている．

　では，具体的に国内旅行事業者等に，求められるランドオペレーターやDMC/DMO[16]（Destination Management Company/Organization）としての機能について考えてみよう．

　国外の旅行会社などが，訪日旅行を企画し商品化する場合（B to Bの場合），企画内容に基づいて日本国内での宿泊施設や交通機関等諸々の素材を手配することになる．その際，基本的には，サプライヤ（宿泊施設や交通機関等，旅行サービス提供業者）に直接予約することになる．しかし，より効率的かつ有利な条件での手配や，当該地域の最新かつより深い情報への期待，付加価値の高い商品造成やサービスも期待できるとして，現地での取引実績が豊富な地元ランドオペレーター（国内旅行事業者等）に依頼するケースも多い．

　一方，訪日リピータ層の増加を背景に顧客のFIT（個人手配旅行者）化が進んでいる．FITのような個人旅行者である場合（C to Bの場合），図のように直接オンラインを介してサプライヤのサイトやOTA（Online Travel Agents），そして国内旅行事業者等のサイトにアクセスして予約をすることになる．具体的には，旅館等の宿泊サービスや列車等移動サービスの単品の旅行素材はもちろん，通訳ガイドやタビナカ旅行商品（タビナカ＝旅中＝旅行中のテーマ性のある体験型旅行商品等）の予約である．

　近年，訪日リピータ層を中心に，特にこのタビナカ体験型商品の存在や，品質の良し悪しが，地域への集客や消費に影響を及ぼしているようだ（観光庁2020: 76-84）．そして，このタビナカ体験型商品の開発や流通（販売）機能こそが，地域に根ざし，地域社会や事業と連動した国内旅行事業者等やDMC/DMOのランドオペレーターとしての存在意義に繋がるものと考えられる．

３）国内旅行事業者の成長戦略の１つとしてのグローバル化

　日本の旅行市場は，戦後の人口増加，経済成長と軌を一にして成長軌道を描いてきたが，90年代に入り，バブル経済が崩壊，その後90年代後半以降は，国内・海外両市場ともに停滞，もしくは縮小傾向に転じた．

　2010年をピークに，今後ますます進行する少子高齢化を伴う人口減少を考えると，今後も国内・海外旅行需要に高い成長を期待することは難しい．また，国内旅行事業者の構造的問題として，日本人に偏り過ぎたビジネス，すなわち日本人の国内旅行，海外旅行への依存度の高さが指摘されている．

　一方，世界の旅行市場に目を転ずると，国連世界観光機関（UNWTO）の推計によると，2013年の国際旅客到着数は，約11億人，2020年には13億人を超え，2030年には約18億人になるとしている．[17] 中でも経済成長が著しいアジア諸国への到着数の伸びは，2010年には約1.8億人であったのが，2020年には約3.2億人，

2030年には約4.8億人に達し，世界の総到着人数の26.5％を占めると推計している．このように，アジア地域は高い経済成長や人口の急速な増加により旅行需要の拡大が予想されており，今後，世界の旅行関連産業の成長を牽引して行くものと期待されている（高橋 2013: 291-292）．

　訪日外国人旅行者数もマクロで見ると，このようなグローバルな動向の中で増加しているものと考えられる．そして，国内旅行事業者のグローバル化は，日本の旅行市場の低迷とグローバル旅行市場の成長予測を受けて，成長戦略の1つと捉えられる（高橋 2013: 293）．

　国内旅行事業者は，このような日本の旅行市場を取り巻く外部および内部環境変化に対応するため，これまでの日本人に偏り過ぎたビジネス姿勢を改め，成長分野であるインバウンド需要を含め，グローバルな市場で積極的に外国人に向けたビジネスに取り組もうとしている．例えば，図で示した日本のインバウンド旅行ビジネスの仕組みの中で捉えると，現地旅行会社の部分がグローバル市場に進出する日系の旅行業者が担うというイメージである．

　国内旅行事業者は，これまでも日本人の海外旅行を取り扱っており，その意味ではグローバルに事業を展開してきた．しかし，従来のグローバルな事業展開は，日本人海外旅行者拡大に伴う日本発のオペレーション業務，そして海外支店や営業所等の海外拠点を中心にしたランドオペレーター関連業務などである．あくまでも日本人海外旅行者を対象とした受け入れビジネスが中心であり，訪日外国人旅行のような，現地発現地マーケット対象の送り出しビジネスは，80年代後半以降は，前述したように，ほとんど取り扱ってこなかった．

　一方，ここで取り上げるグローバル戦略とは，グローバルに点在する国内旅行事業者の支店や営業所等の店舗や人材などの経営資源，そしてWebサイトなどを積極的に利活用して，各現地マーケット（現地人）を対象としたグローバル発日本向けを含む送り出しビジネスへの積極的な参入戦略である．

　今後，国内旅行事業者の積極的なインバウンド戦略として，先述したような国内地域での地域社会や住民，事業等と密着・協業したローカルな取り組み（DMC/DMOのような取り組み）と，もう1つは，外国人を対象としたグローバルな戦略とを連動させた「グローカル」（地球規模の視点で考え，地域視点で行動する）[18]な取り組みが必要になると考えられる．次節では，インバウンド市場の急成長等を背景に，積極的にローカルおよびグローバル展開している旅行業者2社について，それぞれの具体的な戦略やグローバルな取り組みについて考察する．

4　国内旅行事業者による新たなインバウンドビジネス

1）JTBのグローバル戦略と訪日事業の実際

　国内旅行業最大手であるJTBは，グローバル戦略について，「海外のグループ会社101社，グループの拠点39ヵ国509拠点を中心に，高品質でハイタッチな商品・コンテンツの提供による体験価値の促進を通じてグローバルブランドを確立する」としている．

指針として，

　①グローバルネットワークの構築（将来の成長が見込まれる有望市場に拠点を設置）

　②特にアジアを中心に展開（日本発/日本着だけでなく，グローバル発，グローバル着の双方向の人流を取り込む）

　③着地事業の展開（DMC戦略をグローバルで展開する）

　④市場に応じた競争戦略の策定（市場ごとに競合相手とその動向を見極め，競争戦略を策定する）

の4つを挙げ，海外の有望市場におけるM&A（Mergers/合併and Acquisitions/買収）や合弁会社の設立を積極的に展開している（立教大学旅行産業研究会 2019: 172-173）．

　JTBの海外での事業は，これまでも他社に比べ早期から現地マーケット対象のビジネスに取り組んではいたが，量的には圧倒的に日本からの受入業務が中心であった．しかし，これからは，世界各国で展開するJTBグループの営業拠点からの送客を受けることによって，事業拡大を図ろうというものである．つまり，グローバル戦略推進にあたっては，極力日本人市場に依存しない自立した旅行事業を増やしてゆくという考え方である．グローバル企業として，JTBグループのグローバル発着のビジネスモデルの構築である．

　そこで，同社では2010年，グループ本社に新たな組織として「グローバル事業本部」を設置し，海外6地域[19]にある地域会社をすべてグローバル事業本部の傘下に位置付けた．これまで各地域が独自に行っていた事業展開についても，事業本部が管轄することになった．それに伴い事業を①「インハウス事業」(JTB（日本）からの海外旅行者の受入事業)，②「インバウンド事業」（JTB（日本）以外からの旅行者の現地受入事業)，③「アウトバウンド事業」（現地マーケット対象の発事業＝現地旅行者の国外旅行事業）の3つに分類し，それぞれの事業をグローバルレベ

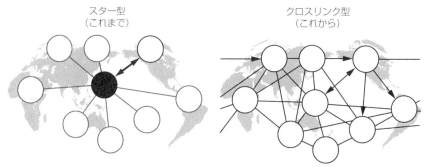

スター型
（これまで）

クロスリンク型
（これから）

日本中心のスター型拠点網の「日本アウト
バウンド」「訪日インバウンド」

中心のない世界全体のネットワーク型拠点網で
「世界発、世界着」のビジネスモデルに挑戦する

図3-6　JTBの新旧グローバルネットワーク概念図

出所：JTBホームページより〈https://www.jtbcorp.jp/jp/colors/detail/0027/〉（2020年12月13日アクセス）.

ルで収益事業として管理することになった．そして，これらの外国地域に加え
て，「グローバル事業本部」の中にその中核的な企業として，株式会社JTBグロー
バルマーケティング＆トラベル（JTBGMT＝訪日インバウンド機能特化型会社）を据
えた．

　ちなみに2018年度のグローバル事業本部の売上高別事業構成は，①「インハ
ウス事業」24.9％，②「インバウンド事業」29.6％，③「アウトバウンド事業」
35.1％，④「訪日インバウンド事業」（JTBグローバルマーケティング＆トラベル分＝
日本での外国人訪日受事業）10.4％[20]，となっている．

2）訪日インバウンド事業とグローバルDMC

　JTBの訪日インバウンド事業は，前述したように，株式会社JTBグローバル
マーケティング＆トラベルが担っている．同社は，日本におけるランドオペレー
ターとして100年を超える歴史と実績を背景に，訪日インバウンド機能特化型
企業として，これまで欧米を中心とした数多くの顧客に日本の魅力を紹介して
きた．そして，これからは日本におけるリーディングDMCとして，個人旅行，
MICE（企業インセンティブ，国際会議や大型イベント等），観光性旅行，教育旅行な
どあらゆる機会を通して国際交流のベストソリューションを提供し，JTBグ
ループのネットワークと連携しながらグローバルDMCを目指すとしている[21]．

　同社が提唱するグローバルDMCの考え方とは，JTBグローバルマーケティ

図3-7　JTBグローバルDMCネットワーク

出所：JTBホームページより〈https://www.jtbcorp.jp/jp/
colors/detail/0027/〉(2020年12月13日アクセス).

ング&トラベル社がこれまで手掛けてきたインバウンドビジネスと，M&Aや
合弁で新たにJTB傘下入りした企業の地域ブランド，例えば，欧州地域での
DMC，「ツムラーレブランド」やアジア地域でのDMC，「ツアー・イースト・
ブランド」，北米地域でのDMC，「TPIブランド」などの地域DMCと連携する
ことによって「グローバルDMCネットワーク」を構築し，それぞれの関係性
を深めながら，グローバル展開，すなわち，世界発と世界着へと拡大を図って
ゆくというものである.

　訪日インバウンドに当てはめると，JTBが掲げる海外6地域での事業（グロー
バル事業）と，日本のさまざまな地域でJTB-GMTが繰り広げる地域マネジメン
ト事業（ローカルDMC）が連動，そして融合しながら「グローカル」に事業展
開を図ってゆくことである. そして，この「グローカル」な事業展開の一例と
して，以下に記すような，FIT Solution事業本部の新設などが挙げられる.

　2020年1月7日のJTBプレスリリース[23]によると，

　　近年の訪日インバウンド旅行の傾向として，「タビナカ（旅行中における）
　　需要」の拡大が進んでいる. その背景として，市場の成熟化による旅行行
　　動のFIT化やリピータ化の進展が考えられる. その結果として，移動サー
　　ビス，宿泊サービスに次ぐ第3の市場分野として「ツアー&アクティビ
　　ティ」（旅行中における現地での体験型旅行）サービスに注目が集まっている.

　JTB-GMTは，「タビナカ需要」の拡大に向けて，FIT solution事業本部を新設した．同事業本部では，JTBグループと全国の事業パートナーとのネットワークを活用し，OTAとのパートナーシップをさらに深化させ，「ツアー＆アクティビティ」商品の販売を強化するとしている．特に，ツアー＆アクティビティのマーケティング，コンテンツ開発，商品造成・販売，オペレーションを一元的に実施，マーケット毎に最適なコンテンツや流通チャンネルを選択し，訪日外国人旅行者に対しタイムリーでスピーディーなソリューション提供を目指す．また，JTBグループの事業パートナーとのネットワークや大手OTAとの宿泊提携販売実績を活かし，全国の宿泊施設との協業により，宿泊とツアー＆アクティビティのセット商品を開発するほか，旅行業の枠組みを超え，訪日旅行者のFITニーズに対する新サービス開発にも力を入れる

としている．まさに，グローカルなビジネス展開の一例である．

3）HISのグローバル戦略の実際

　株式会社エイチ・アイ・エス（以下HISとする）は，旅行事業を中核にテーマパーク，ホテル，金融，地域事業，エネルギーなどの事業セグメントで斬新なアイデアを展開して成長を遂げてきた．競争環境が激化する旅行関連事業に対して，経営資源を集中しグローバル市場での優位性の確立を目指している．旅行事業では，「日本発海外旅行事業」「日本国内旅行事業」「訪日外国人旅行事業」，「グローバル発アウトバウンド（国外）旅行事業」，「グローバル着インバウンド旅行事業」などを展開，国内259拠点，国外70か国，300都市，523拠点に張り巡らせたネットワーク網でサービスを提供している[24]．

　同社の事業戦略の特徴は，成長過程にある東アジアや東南アジア地域などに対しては，自社による店舗出店など積極的な展開を図り，一方，成熟市場である欧米地域では，自社で一から乗り出すよりも効率的かつ効果的な手法であるM&A方式による水平統合化で事業を拡大している．

　他方，航空機，クルーズ，テーマパーク，ホテル，バス事業など旅行関連素材（事業）を保有・運営し，移動，宿泊，観光サービスの垂直統合化による事業展開も図っている．

　旅行素材を提供するサプライヤと旅行者の間を仲介してきた旅行業者が，自

ら旅行関連素材（事業）を所有し，現地のランドオペレーターも傘下に収め，川上への垂直統合化を進めるとともに，店舗やオンラインなど，複数の流通チャネルを自社で展開し，川下への垂直統合化も進めている．

　同社の事業戦略の特徴は，川上，川下双方の垂直統合化によって，良質な旅行素材の安定的な確保，独自コンテンツの開発，価格交渉力の向上，情報の共有・活用のメリットが，国内外（グローバル）で生まれるという考え方である．

　HISは，これからのグローバル事業拡大について，「今後，海外出店を加速する同グループのホテル事業や，アクティビティ事業，レンタカー，ガイドなども，自社開発やM&Aでの取得，現地仕入れ強化で拡充し，HISのオリジナルコンテンツ商品（サービス）として充実を図る．その上で，現在開発中のオンラインプラットフォーム「グローバルインバウンドプラットフォーム」にそれらオリジナルコンテンツを掲載し，旅行者への直販（BtoC）はもちろん，HIS（国内販売を含む），国内外の同社グループ会社やその他グループ以外の企業とも連携を広げ，エクスペディアなどグローバルOTAにも接続できる流通網[25]（BtoB）を構築する」としている．なお，「グローバルインバウンドプラットフォーム」は，2021年に本格稼働の予定で，既に2018年9月，インドに開発拠点を設置している[26]．

　同社は，グローバル事業において，今後特に拡充・強化したいとしているの

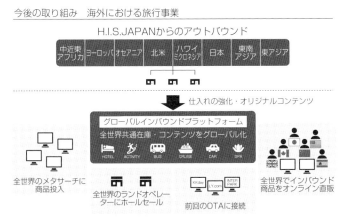

図3-8　HISグローバルインバウンドプラットフォームの概念

出所：HIS　2018年10月期決算説明会資料より．

は，タビナカにおける体験型コンテンツ事業である．現在，訪日旅行事業においてこの役割の一部を担っているのがHISグループの株式会社アクティビティジャパンである．

　同社は，日本全国約3000以上の事業者との提携，約1万4000プランの商品ラインナップにより，旅行者に「タビナカ」における新たな体験価値を提供している日本最大級のインターネットプラットフォーム事業者である．特に，訪日外国人の個人旅行化（FIT）による体験型プランの需要急増に対応すべく，サイトの多言語化と世界70か国のHIS営業拠点，Webサイトが連携し，訪日外国人向け商品の造成・販売を強化している．同時に各地域のプロモーション事業（調査・マーケティング，Web構築，PR，イベント，地元事業者向けセミナーの実施など）を通じて，「その地域に見合った体験プランとは何か」「その地域ならではの誘客する仕掛けと仕組みづくり」など，観光による地域活性化のための取り組みも行っている．

　このように，HISもJTB同様，今後グローバル事業を中心に据えた経営戦略を描きながら，同時に日本などでの地域におけるローカル戦略を深化させようとしている．とりわけ，地域との連携による独自性のあるタビナカコンテンツをグローバルに発信するプラットフォームの構築の必要性である．グローバルな視点で旅行市場の動向を探りつつ，ローカルと緊密に連携を取りながら対応してゆく「グローカル」な事業展開である．

5　国内旅行事業者に求められる役割と機能，そして新たな発想

　日本における持続可能な観光発展に向けて最大の課題と考えられているのは，特定地域への旅行者の集中であり，旅行需要の地域分散化が求められている．現在，日本のインバウンド市場は，訪日経験の少ない人々を対象とした大衆（大量）観光需要と，すでに日本への旅行を経験した訪日リピータ需要が混在した形で成り立っている．旅行需要の地域分散化は，主に，今後益々増加が予想される訪日リピータ層に向けてのアプローチに有効である．この取組みには，訪日旅行に本物感（真正性）を求めるリピータ層の嗜好を十分に理解し，日本各地にごく普通に存在するさまざまな地域（地域に存在する素材を含めて）に対して，その魅力を引き出し，磨き上げ，彼らにとっての異日常的（地域住民にとっては日常的であるが，インバウンド観光客にとっては極めて興味深い異なった日常を

意味する）な日本的価値や空間を創造し国内外に正確にかつ効果的に情報を発信してゆくことが求められる．そしてこの役割を担うべく期待されているのが国内旅行事業者であろう（小林 2020: 35-36）[27]．すなわち，これまで日本人対象に培ってきた旅行商品づくりやシステムをベースに，地域のさまざまな事業関連組織や住民と連携して新たな旅行素材を発掘し，企画造成能力やマーチャンダイジング[28]の手法を生かし，本物感（真正性）のある商品を創造し，そしてグローバルな市場に向けて受発信できる流通チャネルを構築することである（立教大学旅行産業研究会 2019: 188-189）．このように，国内旅行事業者には，グローバルな視点で旅行市場の動向を探りつつ，ローカルと緊密に連携を取りながら対応する「グローカル」な役割や機能が求められているのである．

　2020年3月，新型コロナウイルス（COVID-19）の世界的流行によりコロナ禍と呼ばれる事態が引き起こされた．この騒動により国外はおろか，国内の県境を越える往来さえ，制限が加えられる状況に陥った．これを機に旅のような人の往来においては，安心・安全が最も基本的な条件であることが再確認された．今後，観光先進国を目指すためには，「（コロナウイルス）感染症を地域に持ち込ませ」ないための対策が必要とされる．そのためには，これまでのような数や量に偏った観光客を単なる「客」として扱う観光（Tourism）ではなく，観光を構成する主体の1つとして捉え，彼らの行動によって，観光は良くも悪くもなるという考え方に転換する必要がある[29]．

　すなわち，観光客の意識や行動にも一定の責任を持ってもらうことで，より良い観光地を作っていこうという発想「レスポンシブル・ツーリズム」[30]の導入である．特に観光に地域の異日常性を求めるリピータ層をターゲットにするのであればなおさらであろう．

　このような発想の転換によって，コロナ禍以前，既に顕在化していたオーバーツーリズムや旅行サービスの品質劣化，観光産業の低い生産性，地域振興との乖離といった「観光が地域の生活環境を悪化させる」原因が改善される可能性がある．コロナ禍後を見据え，日本の持続的な観光発展に向け，国，地域，旅行業に代表される観光関連事業者，地域住民，旅行者といった観光に関わるすべての利害関係者は，「レスポンシブル・ツーリズム」を取り入れた新たな発想が求められているのである．

注

1) JTB総合研究所ホームページ〈https://www.tourism.jp/tourism-database/glossary/balance-of-international-tourism/〉2020年9月30日アクセス．暦年で見た場合は，2015年が53年振りに1兆1217億円の黒字に転じた．

2) 国土交通省，観光庁「令和元年度主要旅行業者の旅行取扱状況年度統計」（H.31.4月分〜R.2.3月分）によると総取扱額：4兆2913億156万1000円，訪日外国人の取扱額：1996億1998万1000円（約4％），日本人海外旅行の取扱額：1兆5108億8891万1000円，日本人国内旅行の取扱額：2兆5807億9266万9000円である．

3) 観光庁「主要旅行業者の旅行取扱状況年度統計」各年次より推計なお，2019年度は第4四半期を除くと19％増である．第4四半期はコロナ禍の影響を反映している．

4) 喜賓会と新組織ジャパン・ツーリスト・ビューローは直接的には協力体制をとらず，ビューロー設立2年後の1914（大正3）年に喜賓会は解散した．

5) 第二次世界大戦後，米国は自由主義陣営のリーダーとしてマーシャルプラン（欧州経済復興計画）を打ち出しており，ドル不足に悩む諸国を救済する対策の一環として，自国民の海外旅行を積極的に奨励していた．この時期に多数の米国人が日本を訪れたのは，この計画によるところが大である．1963年ケネディーによる国際収支教書で観光収支の改善を柱としたドル防衛策がでるまで，この基調は継続していた．

6) 1971年12月，ワシントンスミソニアン博物館で先進10か国蔵相会議が開催され，ドルの切り下げと為替変動幅の拡大（上下各1％→上下各2.25％）が取り決められた．金とドルとの交換率は，1オンス＝35US\$から38US\$へ引き上げられた．（71年ドルの切り下げと為替変動幅の拡大，円は1US\$=\360から\308へ16.9％切り上げその後，72年2月，主要先進国は変動相場制へ移行した）

7) 1970年12月に公布された海洋汚染防止法によって，大型観光船による東洋周遊や世界一周コースから横浜や神戸への日本寄港が除外された．

8) 米国ボーイング社の開発した広胴機ボーイング747型機，第3世代ジェット旅客機と呼ばれ，経済性，安全性に優れ，座席数もこれまでのジェット機の2倍以上あり，一気に大量高速輸送が実現した．他社では，DC10（ダグラス社），L1011トライスター（ロッキード社）A300エアバス（エアバス社）等がある．

9) 海外旅行支出は貿易における輸入と同じ効果を発揮する．国際旅行収支を大幅に赤字化することによって，貿易収支での黒字の減少に貢献するという考え方である．

10) 国債，借入金，政府短期証券を合わせた債務残高の総額である「国の借金」は2000年12月時点ですでに500兆円を超えていた．

11) これまで論じてきたように，明治維新後の開国期や1945年敗戦後の混乱期である．

12) 「観光庁消費動向調査」（2020年1月17日プレスリリース）によると前年比6.5％増，「訪日外国人旅行消費額（速報）」は4.8兆円，7年連続過去最高を更新した．また，政府観光局によると，2019年の訪日外国人客数は，前年比2.2％増の3188万2100人であった．

13) 2016（平成28）年3月30日，内閣総理大臣安倍晋三が議長となった「明日の日本を

支える観光ビジョン構想会議」にて策定された．その中で，訪日外国人旅行者数2020
年4000万人，2030年6000万人等の新たな目標を設定．また，新たな観光ビジョンを踏
まえ，行動計画として毎年，観光立国推進閣僚会議（主宰：内閣総理大臣）において「観
光ビジョン実現プログラム」を決定するとしている．

14)　Meeting, Incentive Travel, Convention, Exhibition/Eventの総称

15)　本制度は，事業者（ツアーオペレーター）の品質を保証することにより，訪日旅行
の品質向上と，訪日旅行者が安全，安心で良質な旅行を楽しんで頂くことを目的とし
て作られ国からも推奨された品質認証制度である．
　　ツアーオペレーター業界の自主規制を通じて，旅行手配，旅程管理等の業務はもと
より，事業者自身の「企業の法令遵守」，「品質管理・サービス水準」，「ＣＳＲ」の3
つの側面から評価し，所定の基準を満たした優れた事業者を認証しようとするもので
ある．認証される事業者が増加することにより，業界全体の一層の品質向上を通じて，
訪日旅行者の増加とともにリピータ化に繋がることを期待している．

16)　観光物件，自然，食，芸術・芸能，風習，風俗など当該地域にある観光資源に精通し，
地域と協同して観光地域作りを行う法人（企業）のこと（JTB総合研究所HP「観光用
語集」〈 https://www.tourism.jp/tourism-database/glossary/〉（2023年7月19日アクセ
ス）による）．

17)　UNWTO（2011）"Tourism Towards 2030", International Tourist Arrivals.

18)　グローカル（Glocal）とは，マーケティング用語で，グローバル（Global：地球規模の，
世界規模の）とローカル（Local：地方の，地域的な）を掛け合わせた造語で，「地球
規模の視野で考え，地域視点で行動する（Think globally, act locally）」という考え方．
グローバル化とローカル化を同時並行的に進めて，現地化しなければならないという
日本企業の海外戦略の理念・ポリシーとして1980年代に発祥し，現在では世界的に環
境問題，地域開発，政治，経済といったあらゆる分野で用いられている．（J-Marketing.
Net＝JMR生活総合研究所サイト〈https://www.jmrlsi.co.jp/〉2023年7月19日アクセス）

19)　①米州＝北米/ハワイ/南米，②欧州③アジア・パシフィック④中国⑤ミクロネシア
⑥韓国の6地域と日本である．

20)　2019年7月19日，株式会社JTBグローバル事業本部への聞き取り調査による．

21)　株式会社JTB グローバルマーケティング＆トラベルHPによる．〈https://www.
jtbgmt.com/jp/whoweare/whygmt/〉（2020年9月17日アクセス）

22)　グローバルDMC＝それぞれの国や地域について，地域密着型企業として，豊富な資
源や技術，ノウハウや専門性を所有し，価値ある旅行商品やイベント，輸送計画など
を総合的にプロデュースすることで多様なサービスを提供する企業と位置付けている．

23)　2020年1月7日のJTBプレスリリースによる．

24)　数字で見るHIS　〈https://www.his.co.jp/company/number/〉（2020年9月24日アク
セス）

25)　世界最大のグローバルOTAを運営する米国企業である．

26)　〈https://www.travelvoice.jp/〉（2019年6月9日アクセス）観光産業ニューストラベルボイス2019年6月9日号「HISのグローバル事業拡大のロードマップを聞いてきた，世界各地でタビナカ開発やBtoB販売の最大化など」

27)　谷口知司・福井弘幸編著（2020）『ひろがる観光のフィールド』小林弘二「旅行業と観光」晃洋書房，pp. 35-36.

28)　消費者の欲求・要求に適う商品を，適切な数量，適切な価格，適切なタイミング等で提供するための企業活動のこと．

29)　トラベルボイス，観光産業ニュースHP（2020）「レスポンシブル・ツーリズム等の発想の転換で，地域が観光客を選ぶ時代を考察してみた」（4月30日）〈https://www.travelvoice.jp/20200430-145992〉（2020年4月30日アクセス），レスポンス・ツーリズム的発想とは，端的にいえば，「誰でも来てくれる人はウェルカムです」という発想を切り替え，地域側で「来てほしいい」人を明確にイメージし，そちらに誘導して行くことが重要になるという概念である．

30)　同上，ホームページ．（「レスポンシブル・ツーリズム等の発想の転換で，地域が観光客を選ぶ時代を考察してみた」

参考文献

赤松宏和（2007）「観光立国は実現するのか」『立法と調査』参議院事務局企画調査室編269号．

足羽洋保（1994）『新観光学概論』ミネルヴァ書房．

石井淳蔵・高橋一夫編（2011）『観光のビジネスモデル』学芸出版社．

岡本義温（2009）「旅行サービスと旅行商品」小林弘二他偏『新版変化する旅行ビジネス』図書出版文理閣．

柿島あかね（2018）「インバウンドの増加と国内旅行業」『日本政策金融公庫論文集』第38号．

岐部武・原祥隆編（2006）『やさしい国際観光』財団法人国際観光サービスセンター．

国土交通省観光庁編，関係各年度『観光白書』．

国土交通省編（2003）『平成15年版　観光白書』国立印刷局．

小林弘二（2007）『旅行ビジネスの本質』晃洋書房．

―――（2011）「国際観光」『観光入門』新曜社．

―――（2020）「旅行業と観光」谷口知司・福井弘幸編『広がる観光のフィールド』晃洋書房．

岡本義温・小林弘二・廣岡裕一編著（2009）『新版　変化する旅行ビジネス』文理閣．

JTB100周年事業推進委員会編（2012）『JTBグループ100年史』ジェイティービー．

白坂蕃・稲垣勉・小沢健市・古賀学・山下晋司編著（2019）『観光の事典』朝倉書店．

谷口和寛（2018）「旅行業法と旅行業」森下晶美編著（2018）『新版旅行業概論』同友館．

津田昇（1969）『国際観光論』東洋経済新報社．

日本交通公社編（2016）「第4編　訪日外国旅行者の増加に関わる研究」『自主研究レポー

　　　　ト2004』日本交通公社.

日本交通公社編（2004）『観光読本　第 2 版』東洋経済新報社

――――（2010）『旅行年報』日本交通公社.

加藤道夫編（1970）『日旅六十年史』日本旅行.

長谷政弘編著（1997）『観光学辞典』同文館.

阪急交通社30年社史編集委員会編（1991）『株式会社阪急交通社30年史』阪急交通社.

森下晶美編著（2018）『新版　旅行業概論』同友館.

横山元昭・桜井幹男（1993）『比較日本の会社　旅行・航空』実務出版.

立教大学観光学部旅行産業研究会編（2019）『旅行産業論』日本交通公社.

第*4*章

国内旅行ビジネスの変遷

1　旅行ビジネスの発祥期 ［1945年以前］

1）旅行ビジネスの発祥期 ［1912年以前］
（1）近代日本の幕開け

　近代日本は，江戸時代末期の米国ペリー艦隊の来航（1853年）後に日米和親条約を締結（1854年），大政奉還（1867年）による政権返上，そして明治改元の詔（1868年）により幕開けを迎えることになる．当時の海外渡航は，留学・公用・移民が主な目的であった．

　江戸幕府は海外渡航を解禁（1866年）にするが，欧米への使節派遣はそれ以前から行われていた．産業進展を紹介する博覧会の出展では，ロンドン万博（1862年）に伝統工芸品を初展示，パリ万博（1867年）にて正式参加，遣欧特使として徳川昭武他（約30名）が赴いている．また，オランダ・ロシア・イギリス・フランスなどへ留学生が送られていた．その後，明治政府は，欧米諸国との友好関係を深めることを主目的に，岩倉具視を特命全権大使とする使節団（約50名，1871年）を派遣，欧米を視察させている（旅の文化研究所 2011: 119, 121, 133）．

　日本人移民の始まりは1868年，アメリカ人商人の斡旋により，まずグアム（約40名）に，次いでハワイ（約150名）のサトウキビ農場へ出発している．また，1908年には，ブラジル（791名）への移民が始まった．政府のこうした関与は，国内の失業問題や外貨獲得の意図が背景にあった（旅の文化研究所 2011: 169, 237）．

（2）海運事業・鉄道事業の発祥

　幕末から明治初期にかけて，日本と海外の定期航路は，欧米の汽船会社によって先鞭がつけられた．イギリスのP＆O社（1864年），フランス郵船会社（1865年）が上海〜横浜間を開設．また，アメリカの太平洋郵船会社はサンフランシスコ〜横浜〜香港間（1867年），横浜〜神戸〜長崎〜上海間（1870年）に定期航路を開

設している．その後，日本郵船会社が誕生（1885年）する（旅の文化研究所 2011：149）．

　日本初の鉄道が新橋～横浜間で仮営業を開始（1872年5月），同年9月に開通した．続いて，大阪～神戸間が開業（1874年），その後に京都まで延長（1877年）された．以後の鉄道建設は政府の財政難のため困難を極め時間を要したが，新橋～神戸間の東海道線は全通（1889年7月）した．一方，華族資本を中心に設立された日本鉄道会社をはじめ，私鉄が鉄道建設に積極的に乗り出したことにより，各地の鉄道網が急速に発達した．その後，鉄道国有法が成立（1906年），私鉄17社を買収し幹線の国有化が完了する（旅の文化研究所 2011：191）．

　日清・日露両戦争を機に，鉄道網はアジアへ拡大されていった．朝鮮半島では京釜鉄道・京義鉄道が開業（1905年），中国東北部の鉄道網は南満洲鉄道株式会社（1907年設立）の経営下に置かれた．台湾では清朝時代の路線を引き継いだ縦貫線が完成（1908年），さらに，日本からアジア大陸・シベリア鉄道を経由してヨーロッパへの鉄道輸送が可能（1911年）となった（旅の文化研究所 2011：225）．

（3）旅行事業の発祥

・日本旅行──団体旅行を初めて企画催行──

　滋賀県草津の南新助は，高野山参詣と伊勢神宮参拝，それぞれ100名前後の団体旅行を初めて実施（1905年11月），鉄道を使った社寺参詣団体旅行の斡旋を開始した．草津駅構内営業・列車食堂経営業の傍ら，高野山参詣団並びに伊勢神宮参拝団のお話をしたのが事業の開始とされている．その後，国有鉄道の貸切臨時列車を使った団体旅行を初めて企画（1908年7月），草津駅を出発，江の島・東京・日光・善光寺を7日間で巡る旅行を募集（応募者約900名），2班にわけて実施している（日本旅行百年史編纂室 2006：30-34）．

・JTB──外客誘致斡旋機関から誕生──

　明治時代は「欧米に追いつけ追い越せ」をスローガンに，官民あげて日本中が富国強兵を目指していた．国家の礎石を進めながら，産業の育成と軍事力の強化に取り組み，日清戦争（1894年），日露戦争（1904年）に勝利するがロシア帝国からの賠償金はなく，1907年秋から始まった世界的な恐慌にも巻き込まれ，日本の輸出産業は大きな打撃を受けることになり，厳しい財政疲弊の状況にあった．鉄道院営業課長木下淑夫は，国際親善と国際収支改善の立場から，外客誘致斡旋機関の設立が急務であることを政府要人に進言，さらに，鉄道・汽

表4-1 旅行ビジネスの発祥期（1912年以前）

年	明治	国内・海外旅行関連［1912年以前］
1868年	元	明治に改元
1871年	4	岩倉具視米欧使節団出発
1872年	5	新橋－横浜間鉄道開通
1873年	6	金谷・カッテージイン開業（1893年に金谷ホテル開業）
1875年	8	修学旅行始まる．永清館（現栃木県矢板市立泉小学校）生徒45人寺山観音に詣でる．
1877年	10	第1回内国勧業博覧会（イベントの始まり，45万人参観）
1878年	11	富士屋ホテル（箱根）開業，英国人旅行家イザベラ・バード来日『日本奥地紀行』のちに刊行
1883年	16	鹿鳴館落成
1889年	22	大日本帝国憲法発布
1890年	23	帝国ホテル開業
1893年	26	貴賓会設立（1912年ジャパンツー・ツーリスト・ビューローへ）
1894年	27	日清戦争始まる
		万平ホテル（軽井沢）開業，志賀重昂『日本風景論』刊行
1904年	37	日露戦争始まる
1905年	38	日本旅行会創立（日本旅行の前身）
1906年	39	鉄道国有法公布
1908年	41	第1回ブラジル移民（笠戸丸）

出所：『JTBグループ史 1912-2012』pp.574-575を筆者が加筆修正.

船・ホテル・商社など関係機関に協力を要請，外国人客接遇の役割を担ってきた貴賓会（1893年設立）の一部を受け継ぎ，ジャパン・ツーリスト・ビューローは誕生（現JTB，1912年3月）する（JTB100周年事業推進委員会 2012: 2）．

2）国内旅行ビジネスの萌芽期・海外旅行ビジネスの萌芽期［1912～1945年］
（1）社会情勢・経済状況と旅行ビジネス［1912～1945年］

第一次世界大戦（1914年）が始まり，戦火を免れた日本は，主戦場となったヨーロッパ諸国への輸出を増大させ，空前の好景気を迎えた．嘱託案内所ではあったが，欧米主要都市に案内所網を張り巡らし，中国にも支部を設置，内外の博覧会場や避暑地などに臨時案内所を適宜開設している（JTB100周年事業推進委員会 2012: 2）．

　日本旅行会は鉄道省・朝鮮総督府鉄道局・南満洲鉄道の後援により，第1回鮮満視察団を募集（1927年），同年5月に臨時貸切列車で270名が出発，国内から朝鮮・中国東北部への旅行が実施されるようになった．また，修学旅行も鮮満旅行が隆盛となり，山梨県師範学校（1929年実施，18日間）他，滋賀・京都の師範学校も同様の修学旅行を実施した記録が残されている（旅の文化研究所 2011: 271）．

　満洲事変（1931年）が勃発，翌年3月に満洲国が建国されると，世界恐慌による農村の不況が深刻化，満洲への移民が大規模に行われるようになった．1945年の終戦までに送り出された農業移民は，一般開拓団（24万2300名），満蒙開拓青少年義勇軍（2万2800名），その他（4900名），計27万名（旅の文化研究所 2011: 267）が外地へ赴いた．

　戦前の旅行あっ旋業者は，関西に100社，関東には50〜60社ほどの小規模な業者が存在したとされている．これらの多くは政府勧告（1941年）により解散・廃業したが，戦後に復活している（旅の文化研究所 2011: 323）．

（2）代売事業[1]を中心に事業拡大

　外国人用乗車券の発売（1915年）は，乗車船券類代売事業の端緒となる．その後，内外の船会社や海外旅行会社との代売が相次ぐことになり，旅行小切手の発行（1920年）など，事業範囲を拡大させた．クーポン式遊覧券（1925年）および一般邦人用乗車券の販売は，邦人の旅行熱の高まりを助長させ，斡旋の対象を外国人に限らず，一般邦人にも拡大することになった（JTB100周年事業推進委員会 2012: 3）．

　ニューヨーク証券取引所の株価が大暴落（1929年10月）したことに端を発する世界恐慌を迎えていたが，外国航路を持つ日本の船会社だけでなく，日本へ航路を持つ外国の汽船との乗船券代売契約，トーマス・クック社との相互代理店契約を結んだ他，ニューヨーク（1928年），ロサンゼルス（1932年）に出張所を開設するなど，事業拡大のための整備が進められた．また，1930年からは日本郵船の北米航路に職員を乗船勤務させ，船内で日本の案内や鉄道乗車券，ホテルクーポン券の発売を行い，訪日客に便宜を図っている（JTB100周年事業推進委員会 2012: 3-4）．

　代売事業を中心に取扱い事業の拡大が推し進められ，旅行ビジネスの基盤が広く形成されていくことになる．

（3）邦人旅客向け斡旋業務の拡大

　1932年，鉄道乗車券代売手数料の交付，駅派出鉄道案内所業務の全面引受け，乗車券の無料配達，邦人部の新設など，邦人旅客向けの斡旋業務が一気に拡大する（JTB100周年事業推進委員会 2012: 4）．団体業務を鉄道省から一手に受託（1935年），それに伴い国内6支部と地方事務所を設置，定期券・回数券・団体券の発売（1938年）など，取扱い事業は拡大の一途をたどる．

　日中戦争（1937年）が始まり，日本は泥沼の戦時体制へ突き進み，訪日外国

表4-2　〈国内〉「年表」（1912～1945年）萌芽期

年	月日	国内旅行関連
1912年	3.12	ジャパンツー・ツーリスト・ビューロー創立
1925年	10.10	「クーポン式遊覧券」販売開始（鉄道と連結の自動車，旅館等の連絡回遊券）
	12.16	観劇券販売開始（プレイガイド社および歌舞伎座と契約）
1929年	4.1	九州方面遊覧券発売
1932年	5.1	船車券取扱手続施行（単独船車券）
	6.1	鉄道省乗車券の販売と配達開始（東京，大阪），普通配達無料，特別配達20銭
	11.1	旅館券タリフ制定
1934年	4.1	クーポン式船車券タリフ制定
1935年	7.1	鉄道関係団体取締規則制定（従来鉄道省で主催の普通団体を引き受け取り扱い開始）
	7.15	船車券タリフ制定
1936年	4.10	社寺券取り扱い開始
1938年	3.10	東京万国博覧会入場券前売開始（抽選券付き回数券）
	12.20	国内主要案内所で省線定期券，回数券，団体乗車券発売
1939年	5.1	主催団体取扱規則制定
	11.1	大阪鉄道および南和電鉄乗車券代売開始
	11.-	邦人斡旋取扱手続，団体取扱手数料割戻規程制定
1940年	1.1	京阪電鉄，京都電燈，鞍馬電気，比叡山鉄道，江若鉄道，太湖汽船，愛宕山鉄道，嵐山汽船，京阪自動車，男山鉄道，宇治川汽船委託乗車券代売開始
	6.20	鉄道省委託乗車券類取扱手続制定
1941年	6.1	鉄道省団体取扱い事務受託
1942年	11.1	名古屋鉄道ほか15社委託乗車券販売開始
1943年	2.1	学生定期乗車券一括販売事務取り扱い開始
1944年	1.1	旅館規程制定
1945年	11.28	東京鉄道局管内13駅（東京，新橋，品川，渋谷，新宿，池袋，横浜，中野，立川，上野，大宮，両国，千葉）に旅行相談所開設，社が事務を担当

出所：『JTBグループ史 1912-2012』pp.574-589を筆者が加筆修正．

表4-3　〈海外〉「年表」（1912～1945年）萌芽期

年	月日	海外旅行関連
1912年	3.12	ジャパンツー・ツーリスト・ビューロー創立
1915年	2.-	鉄道院の「日満・日支各連絡乗車船券」および「日鮮満巡游券」を引換証で発行（東京案内所扱い）
1917年	6.1	上海，天津，基隆，大連，青島各港行き連絡乗車船券販売開始
	12.-	日支連絡往復乗車船券，日支連絡団体乗車船券および鉄道院，郵船，商船連絡乗車船券販売開始
1918年	11.25	邦人に対する「日満連絡券」「日支連絡券」「日支周遊券」「日鮮満巡游券」販売開始
1919年	4.1	邦人・外国人に対し日清汽船切符，満鉄乗車券，支邦国有鉄道乗車券，寝台券および急行券販売開始
1920年	11.1	日本郵船委託乗船券および郵船，鉄道省連絡券販売開始
1925年	4.1	朝鮮鉄道との代売契約締結
1927年	8.1	シベリア経由欧亜連絡乗車券販売開始
1928年	9.13	満鉄専用乗車券引換証発行
1930年	6.15	台湾鉄道乗車券代売開始
	9.15	日本郵船切符代売契約締結
	11.25	ボーイング・システム航空券代売開始
	12.-	中国航空公司航空券代売開始
	12.13	鉄道省朝鮮鉄道線連帯券代売開始
1931年	1.1	日本航空輸送航空券，遊覧飛行券代売開始
	6.1	台湾遊覧券発売
	9.20	東亜遊覧券発売
1933年	3.1	朝鮮総督府鉄道局委託乗車券取り扱い開始
1936年	4.1	朝鮮半島，旧満州団体用旅館券取り扱い開始
	12.1	トランス・コンチネンタル航空券引換証取り扱い開始
1937年	1.1	インツーリスト社委託乗車券取り扱い開始
1938年	12.15	『満州旅行年鑑』発行
1940年	9.1	朝鮮郵船委託乗船券代売開始
1941年	3.1	中華航空委託航空券代売開始
	7.1	台湾鉄道団体斡旋開始
1942年	2.-	諸官庁および公共団体の団体旅客取り扱い開始（拓務省，移民協会等の開拓移民）
1944年	6.1	東京駅および大阪市内発ならびに駅内案内所所在の地区発，朝鮮半島・旧満州行き連絡券の一手販売開始
1945年	2.1	川崎汽船委託乗船切符代売開始（下関─麗水間）

注：現日本領土外への渡航を海外旅行（外地）と捉え，国内旅行とは区別しここでは表記している．
出所：『JTBグループ史 1912-2012』pp.574-589を筆者が加筆修正．

人数は激減した．その一方で，国の要請による特殊な集団輸送が増加，同時に中国大陸や南方諸国との親善，文化交流のための新たな任務を行った（JTB100周年事業推進委員会 2012: 4）．東南アジア地域に旅行の気運を育成し，旅行を通じて親善を深め，文化の交流に貢献する旨の壮大な抱負を掲げ，南方や大陸へ積極的に事業を拡大した．南方には，新たな数十か所の事務所を設けるとともに，国内・南方・大陸各地のホテル経営も手掛けた（JTB100周年事業推進委員会 2012: 5）．

2　国内旅行ビジネスの成長期 [1946～1984年]

1）国内旅行ビジネスの成長期Ⅰ [1946～1960年]

（1）社会情勢・経済状況と旅行ビジネス [1946～1960年]

第二次世界大戦の終結とともに，海外在留邦人の引揚げ，ならびに朝鮮・台湾に帰還する人への援護が問題となっていた．政府はそのための施策（1945年9月）として，舞鶴・呉・下関・鹿児島・佐世保・博多・浦賀・横浜・仙崎・門司の10港を引揚げ港に指定，各地からの引き揚げ船が次々に入港した．東南アジアや台湾，朝鮮南部などからの引揚げは，終戦直後から比較的順調に進んだが，中国東北部や朝鮮半島の北部などでは引き揚げに多様な苦難が伴った．集団での引き揚げが完了したのは1958年，その間，引き揚げ者の総数は約630万名，内260万名が旧満州・中国からであった（旅の文化研究所 2011: 317）．

終戦後，国家再建へむけた，占領期に実施された財政金融引き締め政策「ドッジライン」（1949年2月）はインフレを収めたものの，国内需要や輸出を停滞させることになった．朝鮮戦争が勃発（1950年6月），日本経済は巨額の特需収入と世界の軍拡気運による輸出の増大により，実質国民総生産がようやく戦前の水準に回復した（1952年）．戦後10年を経て国内経済は不安定期をようやく脱し，高度経済成長期への道を歩み始める（立教大学観光学部旅行産業研究会 2019: 26-27）．

旅行業に関する最初の法律「旅行あつ旋業法」（1952年7月18日公布，10月15日施行）の第1条では「この法律は，旅行あっ旋業の健全な発達を図り，日本人及び外国人の旅客の接遇の向上に資することを目的とする」とされている．「旅行あっ旋」という行為の定義，その業者の数を把握することから始まり，悪質な業者の排除がテーマとなった．まだ，産業あるいは業界として確立されていないと見られており，極めて取り締まり的色彩の濃い法律であった（立教大学

観光学部旅行産業研究会2019: 37-38）．

　1955年以降，国際的な緊張緩和を背景に，世界経済は戦後最大の繁栄を記録した．国内経済も物価高騰を伴わずに大きく成長，個人消費の伸びも目覚ましかった．皇太子殿下がご成婚（1959年4月），そのパレードの中継を見るためにNHKテレビ受信契約数は200万件を突破，白黒テレビ・洗濯機・冷蔵庫が「三種の神器」ともてはやされ，全国の家庭に普及していった（JTB100周年事業推進委員会 2012: 76）．「ミッチーブーム」，すなわち皇太子明仁様と正田美智子様の婚約・結婚に伴う社会現象が出現，新婚旅行は結婚に付随する行事として既に定番化していたが，この頃から女性の希望を優先した観光主体のコースが好まれるようになる．国鉄は新婚旅行用「ことぶき周遊乗車券」を発売，旅行あっ旋業者がこれに観光コースや旅館を組み合わせて利用者に紹介している（旅の文化研究所 2011: 369）．

　旅行素材の代理事業を支柱にしながらも，価値要素を組み込むなど，徐々に，新たな着想に努めるようになり，旅行会社は次なる段階へ昇華していくことになる．

（2）苦難の再出発

　戦後，日本交通公社が取扱った最初の仕事は，厚木飛行場に降り立ったダグラス・マッカーサー元帥をはじめとする進駐軍の幹旋（1945年8月30日），また，大陸や南方地域からの復員軍人や一般邦人の引揚げ幹旋を引き受けていた．1946年，早くも修学旅行が復活，第1回国民体育大会が開催されるなど，スポーツ・宗教団体の大会や大祭が相次いで行われた．国鉄との協力，主催者側との緊密な連携のもと，輸送の確保，集客，幹旋に東奔西走する時代が訪れた（JTB100周年事業推進委員会 2012: 38）．

　代売契約の拡大，船車券や旅館券の復活，図書販売その他の付帯事業など，積極的な自己収入拡大への道を開いていたが，財政金融引き締め政策「ドッジライン」（1949年2月）により，財源の大部分を占めていた国鉄代売手数料と政府補助金が停止，財政は致命的な打撃を受けた．停止されていた国鉄代売手数料は，国鉄の支援のもとに「割引」の名称で逐次復活，事業収入もようやく安定化が見通せるようになった（JTB100周年事業推進委員会 2012: 39）．

　日本経済の上昇とともに旅行あっ旋事業は好調のうちに推移，戦前の「遊覧券」が「周遊券」として復活（1955年2月），高まりつつあった旅行需要と相まっ

て,「周遊券」はその利便性と経済性により,爆発的な人気を呼んだ.さらには,ビジネス旅行需要に対応するチケット販売にも力を注ぎ,電話受注体制の強化,乗車券割当センターの設置などが進められた（JTB100周年事業推進委員会 2012: 77）.

(3) 国内団体旅行の復活

　戦後の混乱期を脱した1950年代には,団体旅行も復活の兆しを見せるようになる.旅行会社も次々と復活・発足し,個人では困難な列車や宿泊の手配など

表4-4　〈国内〉「年表」（1946～1960年）成長期Ⅰ

年	月日	国内旅行関連
1946年	10.1	日本郵船乗船券代売再開（この頃から主要船舶会社乗船券の代売開始）
1947年	6.1	旅館予約券取扱手続制定
1948年	5.26	船車券取扱手続制定（「船車券」復活）
	6.28	クーポン券取扱手続制定
	10.1	旅館券取扱手続制定（「旅館券」復活）
1949年	5.1	写真クーポン取扱手続制定
	6.1	国鉄委託乗車手数料,政府補助金停止
	6.15	観光券取扱手続制定（戦前の社寺券の拡張）
	9.-	一部乗車券類に「割引」設定（実質手数料復活）
1950年	4.1	国鉄定期券に割引設定
1951年	2.1	国鉄割引制度制定,実質手数料全券種に復活
	9.29	日本航空と代理店契約締結
1953年	1.15	国鉄割引額改定（戦前の水準に復帰）
1954年	3.1	ホテル券取扱手続制定
1955年	2.1	周遊券販売開始
	7.1	日本ヘリコプター輸送委託航空券取り扱い開始
1956年	1.1	土産品業者に対する観光券取り扱い実施
	6.13	日本交通公社協定旅館連盟（公旅連）結成
	7.1	「北海道周遊券」販売開始（均一周遊券第1号）
1957年	5.2	手配補償金支払規程制定
1958年	4.1	全日空総代理店業務取扱手続制定
1959年	4.1	パッケージ・ツアー・クーポン取扱手続制定
	6.1	「ことぶき周遊券」「空路新婚割引周遊券」販売開始

出所：『JTBグループ史 1912-2012』pp.588-599を筆者が加筆修正.

のあっ旋業務を請け負った．戦後の一般団体旅行のはしりとなったのは，善光寺の開帳や本願寺の法要などに伴う団体参拝と靖国神社の参詣である．鉄道の輸送力がまだ十分でなかったことから，全国で募集を行い，臨時列車を編成して一列車単位で動いた．1953年頃になると農家を対象とした団体旅行が登場，農機具メーカーが農協を通じて招待旅行を実施している．また，電器メーカーが専売店の店主を招待する旅行も盛んに行われ，信用金庫の積立旅行もこの頃から始まっている．このように，戦後の国内団体旅行は地域社会を基盤に立ち上がり，社会の復興や経済成長と歩みを同じくしながら隆盛となっていくのである（旅の文化研究所 2011: 349）．

　高度経済成長に伴い，拡大する旅行市場を狙う業者間の競争は次第に激しくなっていた．現在の大手旅行会社の多くは1950年代前後に設立され，収益性の高い国内団体旅行や海外旅行業務を中心に，一斉に勢力を伸ばしつつあった（JTB100周年事業推進委員会 2012: 77）．

2）国内旅行ビジネスの成長期Ⅱ ［1961〜1970年］

（1）社会情勢・経済状況と旅行ビジネス ［1961〜1970年］

　この時代は好景気を反映して，旅行市場は一段と活況を呈した．池田内閣は「所得倍増計画」（1960年）を打ち出し，その後，日本経済は驚異的な成長を遂げた．所得の増大に支えられ，生活に余裕が生じた国民の間にレジャー志向が高まり，旅行需要に大きな変化が生まれた（JTB100周年事業推進委員会 2012: 94）．奈良ドリームランド（1961年7月），富士五湖国際スケートセンター（現富士急ハイランド，同年12月），苗場国際スキー場が開業（同年12月），本格的なレジャーブームが到来し，行楽地に人が押し寄せ，大衆旅行時代の幕開けを迎えることになる．

　経済成長に伴う旅行需要の急速な伸長に応える必要性から，国鉄の輸送力増強が強く望まれ，質的には「座って行ける旅行」への要求が高まり，指定席の拡大が急務となっていた．また，空輸では，日本航空がコンベア880を就航（1961年），ジェット機時代が到来することになる．その後，「観光基本法」[3]（1963年6月）が制定され，1964年度は大衆旅行時代の幕開けにふさわしい多彩な出来事が相次いだ．国鉄が本格的な座席予約自動化システムの運用を開始（1964年2月），海外旅行が自由化（同年4月），全日空が東京オリンピック聖火を国産旅客機（YS11）により日本各地へ空輸（同年9月），オリンピック開幕直前には東海道新

幹線が開通（東京～新大阪間）した（同年10月）．また，首都圏を中心にホテル開
業が相次いだ（旅の文化研究所 2011: 395）．さらには，九州横断道路の開通（1964年），
名神高速道路の全線開通（1965年），東名高速道路の全線開通（1969年）など，バ
ス・自動車利用の移動環境が飛躍的に改善された．のちに，大型フェリーによ
る海路が加わり，ここに陸・海・空すべての大量高速輸送時代が実現する（JTB100
周年事業推進委員会 2012: 118）．こうした，鉄道の輸送力増強，航空便・航空路線
網の拡大，車移動の環境改善により，旅行計画を比較的容易に立てられるよう
になり，それに伴い，旅の形態は，それまで主流であった団体旅行から，家族
や友人達との小規模な個人・グループ旅行へ変わっていくことになる．

　高度経済成長を背景に旅行需要は急速に拡大，また，輸送機関や宿泊施設な
どの整備も進み，業界の情勢は目まぐるしく変化した．国民総生産（GNP）が
資本主義国家のなかで米国に次ぎ第2位（1968年）となり，驚異的な経済成長
から「東洋の奇跡」と称された．

（2）国内団体旅行の新たな段階

　国民の旅行に関する世論調査（内閣総理大臣官房審議室，1964年実施）によると，
過去一年間に1泊以上の観光旅行者の参加形態は，団体旅行が60％，友人・知
人との旅行が43％，家族旅行が31％，その多くが団体旅行参加者であることが
分かる．同年，日本観光協会による統計では，職場仲間が37.5％，同業仲間が
18％，地域グループが16％，農協が6.1％他，団体旅行の参加内訳が公表された．
当時の観光旅行は，職場旅行を中心とした団体旅行が主流を占めていたことが
伺える．さらに，財団法人日本交通公社実施の調査（1968年）では，東京都23
区内に本社をもつ企業の500事業所のうち94％以上が職場旅行を実施，特に従
業員1000名以上の大企業の工場では100％の実施率であったと報告している．
その多くが，週末を利用した1泊2日，伊豆・熱海・箱根などの近郊を行先と
していた．サラリーマンが帰属するコミュニティの優先順位が，地縁社会から
企業社会への移行を読み取ることができる．旅行機会そのものがさほど多くな
かった時代に，社員（職場）旅行は団体旅行の市場を牽引し，観光旅行の大衆
化に影響を与えたといえる（旅の文化研究所 2011: 375）．

　社員旅行以外では，「東北三大夏祭観光団」などの特別企画旅行，主催旅
行[4]・共催旅行の動きが活発であった．当時，労働省の要請により全国的に実施
された集団就職者輸送斡旋（1963年以降）は，高度経済成長下の産業動向を反映

（JTB100周年事業推進委員会 2012: 96），特異な形態の団体旅行であったといえる．

　アジア初となる万国博覧会が大阪で開幕（1970年3月），当初予想をはるかに上回る6422万人の入場者（団体・個人）を国内外から集客，東京オリンピックと同様，この万博開催は多様な旅のインフラを整える契機となったが，それらが国内（邦人）の旅行者向けであったことはこれまでと大きく異なっている．このように旅行市場が活況となるなか，店頭だけではなく，渉外を重視する方針が打ち出され，「店頭・渉外」を明確に区分した（JTB100周年事業推進委員会 2012: 119），営業形態の分化がみられるようになってきた．

（3）国内個人旅行の商品化

　「チケット・エージェントからトラベル・エージェント」の旗印のもと，旅行会社の主体的な動きが顕著となり，「セット旅行」[5] の誕生（1962年9月）は旅行商品化の先駆けとなった．折からの旅行ブームは，旅行形態の家族・グループ化，そして個性化・多様化をもたらし，「セット旅行」は国内個人旅行部門の主力商品となる．この商品の特長は，それまでの主催旅行・共催旅行が主に個人参加の団体旅行であるのに対し，あくまで個人旅行そのものを商品化したことにある．好きな時に出掛けられ，一人旅の気楽さを味わえ，そのうえ良質という優れた商品特性が好評の理由であった．品揃えの豊富さ，さらに輸送・宿泊・サービスなどがセットされ，価格が明示されているという安心感が人気を支えた（JTB100周年事業推進委員会 2012: 111-112）．

　その後，国鉄の特別割引乗車券制度を利用した「エック」が誕生（1967年2月），また，全日空との共催による「日本の休日」が登場（1968年3月）するなど，運輸機関との提携による商品化が相次いだ．販売体制面では，国鉄駅構内に名古屋駅旅行センターの開設（旅の専門店第1号，1968年10月）を皮切りに，全国主要駅に順次開設されていくことになる．また，東京と大阪に旅館・ホテル電話予約センターを開設，全支社にテレフォンサービスセンターを設置（JTB100周年事業推進委員会 2012: 137）するなど，旅行大衆化の流れに対応する施策が矢継ぎ早に展開された．

3）国内旅行ビジネスの成長期Ⅲ［1971〜1984年］
（1）社会情勢・経済状況と旅行ビジネス［1971〜1984年］

　ニクソン・ショックにより固定為替相場制が崩壊（1970年8月），円高が進行

表 4 - 5　〈国内〉「年表」（1961～1970年）成長期Ⅱ

年	月日	国内旅行関連
1961年	1.1	旅館券委託発売取扱手続制定
	7.-	全社船乗券の機械清算開始
	8.20	グリーン・クーポン取り扱い開始（国民宿舎，ユース・ホステル等を対象）
	10.1	旅行積立「国内旅行サービス預金」第一銀行と提携
1962年	4.-	客室保有を初めて実施（中部支社）
	9.-	「セット旅行」誕生．秋の「北海道」「十和田」発売
1963年	2.1	客室事前仕入全国的に拡大
	2.1	「新婚セット旅行」，各支社で連日設定
	4.1	「沖縄セット旅行」設定，観光団催行方式のほか，新婚・家族・グループの販売システムを全社一本化
	10.25	オリンピック・東京大会入場券販売総代理店として入場券の国内販売開始
1964年	2.23	国鉄座席予約自動装置マルス101使用開始
	7.9	「アロハで飛ぼう！南九州」を全日空と共催
	12.-	大学受験生用客室の予約開始
1965年	1.1	「レンタカー・セット旅行」販売開始，ホンダと提携，国鉄とセット
	1.20	「ジャルパック」発売，手配代理店11社と企画・販売
	7.1	「北海道立体均一周遊券」販売開始
	10.1	「みどりの窓口」を営業所に設置
1966年	4.1	「新幹線ハイセット」「ファミリーセット」発売
1967年	2.20	「エック」（エコノミークーポン）発売，第1号は「蔵王・天元台スキーエック」「南房総エック」（東京地区），「熱海エック」（関西地区）
	6.-	「南九州旧婚旅行」実施
1968年	1.26	神社，仏閣に対する社寺券契約締結
	3.1	全日空との共催商品を「日本の休日」と名称統一
	10.31	万国博第1期前売入場券販売開始
1969年	9.15	敬老旅行，特選28コース発売，4年目の敬老旅行デラックス化
1970年	4.-	個人，グループ旅客から旅行幹旋料収受決定
	6.15	貸別荘（信州，伊豆，富士，房総），予約開始
	10.15	「G-4味覚クーポン」発売

出所：『JTBグループ史 1912-2012』pp.598-611を筆者が加筆修正

する契機となり，日本経済は再び混迷の時を迎えていた．田中角栄内閣が誕生（1972年），日本列島改造ブームが起こり景気は急激に回復基調となり，日中の国交回復，上野動物園に2頭のパンダが登場して話題になったのもこの頃である．景気の勢いは持続していたが，第4次中東戦争の勃発（1973年10月）による石油価格の高騰は，第1次オイルショックを招き，トイレットペーパーや洗剤などの買占め騒動が発生，幅広い物品が値上げされた（JTB100周年事業推進委員会 2012: 172）．沖縄施政権が返還（1972年5月15日），沖縄国際海洋博覧会が開催された1975年以降，国内のパッケージ商品は旅行会社を中心に開発され，まさにパッケージツアーが花盛りとなった（旅の文化研究所 2011: 397）．

　日本経済の高度経済成長は終焉，緩やかな景気上昇の過程に入り，既に国際競争力を付けていた輸出産業を中心に世界的な不況を乗り切った．その後，第2次オイルショック（1979年）に見舞われ，翌年にはイラン・イラク戦争が勃発，度重なる原油価格の高騰により個人消費や民間住宅投資が低迷するなど，国内経済は再び調整局面を迎えていた．こうした厳しい社会情勢・経済状況にあったが，東京ディズニーランドの開業（1983年4月15日）は国内旅行商品造成の新たな好素材となった．また，総合保養地域整備法（1987年施行）によるリゾート施設・テーマパークの相次ぐ開業は，国内旅行市場拡大の契機となった．ユニバーサル・スタジオ・ジャパンの開業（2001年3月31日）以降，「テーマパーク」関連の旅行商品は国内旅行商品体系の中心的な役割を担うようになる．

（2）国内個人旅行の企画商品化

　日本交通公社は，万博の斡旋により業容を拡大させていたが，「ポスト万博」対策に腐心していた．国鉄が開始（1970年10月）した「ディスカバー・ジャパン・キャンペーン[6]」は，東京・名古屋・大阪などの大都市圏の若い女性を中心に新しい旅の創造を呼びかけ，旅行需要の喚起[7]に貢献を果たした．協賛金の分担を含めて全面的に協力，「味覚クーポン」「七五三千歳旅行」など，キャンペーンに対応する商品開発が進められた．また，テレビ番組『遠くへ行きたい』も同キャンペーンの一環としてスタート，国鉄・鉄道弘済会・週刊誌『女性自身』とともにスポンサーを引き受けている（JTB100周年事業推進委員会 2012: 182-183, 206）．当時，企画型旅館券として「味覚クーポン[8]」（1970年）を発売，「旅情」「憩」など，各種宿泊プランを登場させた．また，北海道・九州・沖縄をはじめとする地域キャンペーン商品を造成するなど，企画商品の体系が次第に整うことに

なる（JTB100周年事業推進委員会 2012: 215）．さらには，家族やグループ旅行の増加傾向に即応するため，店頭販売機能を強化，新たな企画商品の造成に努めた結果，国内個人旅行市場における企画商品が占める割合は年々高まることになった．国内企画商品ブランド，「エース」（日本交通公社，1971年），「赤い風船」（日本旅行，1972年），「メイト」（近畿日本ツーリスト，1972年）など，各社共に国内企画商品のブランド化を推し進め，社会へ広く浸透させていくことになる．

　「ポートピア '81」（神戸ポートアイランド博覧会，1981年度開催），そして東京ディズニーランドの開業が続き，それらに伴う企画商品の造成・販売は活発化した．また，当時流行したスキー旅行商品では，航空会社系「北海道スキー商品」に対抗するために3社（日本交通公社・日本旅行・近畿日本ツーリスト）が共同して「パウダースキー北海道」を企画・販売（1981年9月）した他，国鉄の冬季臨時列車「シュプール号」利用の商品，スキー専業旅行会社が主催する「バス利用型スキー商品」など，旺盛なスキー旅行需要の獲得へむけた激しい顧客獲得競争が業界内のみならず，業界を越えて繰り広げられた．同時期，国鉄が熟年夫婦向けの「フルムーン夫婦グリーンパス」を発売，爆発的な人気を呼んでいる．

　東北新幹線の開業（1982年6月），そして上越新幹線の開業（1982年11月）が続き，東北・上越地域の観光地図は大きく塗り替えられ，企画商品の造成・販売を通じ，新たな観光ルートが創出されることになり，この地域への旅行需要は喚起されることになる．

（3）総合旅行産業への道

　1970年代，日本交通公社，日本旅行，近畿日本ツーリスト，東急観光は，業界大手4社といわれた．国鉄の代売複数化が進み，これまでの日本旅行に加えて近畿日本ツーリスト，東急観光の両社が国鉄普通乗車券の代売を開始（JTB100周年事業推進委員会 2012: 215）するなど，同業他社の動きも活気に満ちていた．

　日本交通公社は，国内・海外旅行部門を中心に，外人旅行部門，出版部門，その他関連部門（旅行スタンプ事業，地域開発事業，ドライブイン事業，レンタカー事業）など，旅行業および関連する諸事業の開発を進めていた．その上で，旅行代理店事業，厚生関係受託業務，流通・商事部門など，販売ネットワークの補完と高齢者の職場形成を目的に，株式会社交通公社トラベランド興業（トラベランド）を設立（1971年2月）している．さらには，開発事業，宅地販売事業，別荘販売事業，旅館・ホテルコンサルタント事業の他，サイパンをはじめとする環太平

洋構想と称する海外事業の開発を担う，交通公社総合開発株式会社を設立（1972年3月）した．両社の誕生をきっかけに，多様な関連事業を発展させた．（JTB100周年事業推進委員会 2012: 198-203）．「JTBグループの総合旅行産業への発展の基礎づくり」（第3次長期経営計画．1973年）を目標に掲げ，旅行に関連する機能・役

表4-6　〈国内〉「年表」（1971〜1984年）成長期Ⅲ

年	月日	国内旅行関連
1971年	3.1	「ミニ周遊券」販売開始
1972年	3.1	「エース・ハイヤー」京都で運行開始
	10.2	初のルート周遊券「東北」販売開始
1974年	4.25	「スポーツクーポン」設定，「エースゴルフ」発売
	7.20	沖縄海洋博前売入場券販売開始
1975年	1.-	「Call&Mail」システム（旅の通信販売）を東京，名古屋，大阪で開始
	4.-	「ローカル旅程ガイド」（全国51地区掲載）発売
	10.-	受験生客室予約自動化開始
1976年	1.-	社線自動予約システム開始
	4.12	「パーソナルホテルプラン」発売
	7.12	「ハーモニーホテルプラン」，全国9都市対象に発売
1977年	3.-	全国141支店に「1枚のきっぷから」コーナー設置
	6.1	旅館における子ども宿泊料金，接遇内容を統一
	9.1	エース商品について1000万円保障保険を設定
1978年	3.1	全国29カ所に当日宿泊予約コーナー設置
	3.3	「旅情クーポン」（高額宿泊商品）発売
	3.-	「宿じまん・団体プラン」発売
1979年	8.20	「四季の宿　憩クーポン」発売，中高年齢層の家族・グループを対象
1980年	3.19	ポートピア '81前売り券販売開始
	5.16	㈱サンアンドサン設立
	11.1	「琥珀クーポン」発売，夫婦旅行を対象
1981年	10.1	「フルムーン夫妻グリーンパス」取り扱い開始
1982年	4.1	JTB契約保養所システムスタート
1983年	9.17	つくば科学万博・第一期前売り一般個人向け入場券販売開始
1984年	2.3	トラベランド，国鉄券（周遊・特企・団体）取り扱い開始

出所：『JTBグループ史 1912-2012』pp.610-625を筆者が加筆修正．

割を網羅的にカバーし，大規模な企業・グループの構築を目指しはじめた（立
教大学観光学部旅行産業研究会 2019: 33-34）．

　将来にわたり経営基盤を安定強化するためには，輸送と宿泊の取次的営業体
質からの転換を図り，魅力ある旅行商品と関連サービスを総合的に提供し，収
益力を高める道を切り開かねばならなかった．やがて到来する本格的な余暇時
代を先取りし，内外の需要を多面的に吸収し得る「総合旅行産業」を目指すこ
とが重要視された（JTB100周年事業推進委員会 2012: 180）．同業他社とは異なる事
業多角化を推し進め，長年培ってきた社会的評価や組織力を背景に，資本・知
識集約型企業への転換を目指し始めた．

3　国内旅行ビジネスの成熟期［1985～2019年］

1）国内旅行ビジネスの成熟期Ⅰ［1985～1994年］

（1）社会情勢・経済状況と旅行ビジネス［1985～1994年］

　日本は，バブル経済の絶頂と崩壊を経験する（1988年～1992年）．週休2日制
の定着や個人消費の伸びにより旅行需要は高まり，1990年度は株価の下落や原
油価格の高騰などの不安定要素があったものの，旅行業界には引き続きバブル
景気の余韻が残り，「大旅行時代」と称される，大いに隆盛を極めた時期であっ
た（JTB100周年事業推進委員会 2012: 308）．

　総合保養地域整備法（1987年，通称リゾート法）の施行は，国土均衡発展主義の
思考と地域振興に悩む地方の思惑が合致，リゾートバブルの誘因となったとい
われている．宇宙をテーマに「スペースワールド（福岡県北九州市，1990年）」，
日本初の屋内型テーマパーク「サンリオピューロランド（東京都多摩市，1990年）」，
森と湖をテーマに「レオマワールド（香川県丸亀市，1991年）」，オランダをテー
マに「ハウステンボス（長崎県佐世保市，1992年）」，スペインをテーマに「志摩
スペイン村パルケエスパーニャ（三重県志摩市，1994年）」他，全国各地にテーマパー
ク・リゾート施設の開業が相次いだ．同時期，豪華客船によるクルーズ旅行が
流行となる兆しをみせはじめ，商船三井客船「ふじ丸」（1989年），昭和海運「お
せあにっくぐれいす」（1989年），日本郵船「飛鳥」（1991年）が相次いで就航，
邦人富裕層をターゲットに，本格的な「日本流おもてなし」を提供する日本船
籍クルーズが運航を開始した．テーマパーク，クルーズ，温泉をはじめとする
目的志向型の旅行が増加，旺盛な個人消費に後押しされ，旅行形態の多様化が

進んだ.

　この頃（1992年）を境に「日本の失われた10年」と評される低成長時代は始まった. バブル経済が崩壊, 金融機関の不良債権問題が次々と表面化するなど, 日本経済は混迷を深めた. 不況の嵐が国内に吹き荒れ, 大企業といえども倒産・破綻の危機に見舞われることになった. 個人消費も冷え込み, 消費構造にも変化の兆しが現れはじめ, スキーツアー専業をはじめとする中堅旅行会社の倒産が相次ぎ, 旅行業界も厳しい時代を迎えていた. 明るい話題としては, サッカーの「Jリーグ」が誕生, 地域振興とスポーツ, スポーツツーリズムの先駆けとなった（JTB100周年事業推進委員会 2012: 346-347）.

　バブル経済崩壊後の低経済成長は慢性的となり, メディア販売（通信販売）を中心に「激安ツアー」が盛り上がりをみせるなど,「価格破壊」が流行語（1994年）となった. 既に高度経済成長期のような取扱額増加を期待できるような状況にはなく, 個人需要は海外旅行を中心に旺盛であったものの, 法人需要は依然として回復の兆しは見えず, 総じて厳しい状況が続いていた. こうした最中, 阪神・淡路大震災が発生（1995年 1 月17日）, 関西地域に及ぼした影響もさることながら, 国民全体に旅行自粛ムードが広がり, 国内の観光産業は大きな打撃を受けることになる（JTB100周年事業推進委員会 2012: 366）.

（2）都心型から郊外型へ

　国鉄の分割民営化（1987年 4 月 1 日）は, 駅構内から旅行営業所を撤退させ,[9] 定期券の販売禁止など, 旅行業界を取り巻く環境を一変させることになる[10]（JTB100周年事業推進委員会 2012: 279）. 販売額・営業収入への悪影響を懸念されたが, 青函トンネルの開通, 瀬戸大橋の開通, 新千歳空港の開港など, 大型交通インフラの整備が進み, さらには,「EXPO '90国際花と緑の博覧会」（大阪, 1990年度開催）他, 地方博覧会が国内各地で催されるなどの好素材に恵まれ, 販売額・営業収入ともに堅調に推移することができた（JTB100周年事業推進委員会 2012: 308-309）.

　学校の週 5 日制がスタート（1992年 9 月）, 第 2 土曜日が休みになるなど, 国内旅行の需要を喚起する要素がみられ, 旅行形態は家族中心へと変化していった（JTB100周年事業推進委員会 2012: 367）. 一大マーケットであるファミリー層（家族）の消費活動場所は, 都心から郊外へ移行, 大型郊外ショッピングセンター, いわゆるリージョナルショッピングセンター（RSC）が登場する（立教大学観光

学部旅行産業研究会 2019: 35）．従来の主要駅前・ビジネス街・繁華街などの中心街店舗（都心型）から，郊外ショッピングセンターなどの集客施設内店舗（郊外型）へ，販売拠点の移行が顕著となった．

　郊外型リテール機能の強化に伴い，旅行会社の組織体制にも変化がみられた[11]．店舗配置要員を縮小，店舗規模の小規模化に取り組み，全国津々浦々，郊外への多店舗展開を実現していった．店舗開設の流れは変容し，国内旅行商品体系もファミリー層を標的市場とする商品を中心に拡充された．

表 4 - 7　〈国内〉「年表」（1985〜1994年）成熟期Ⅰ

年	月日	国内旅行関連
1985年	2.19	㈱ゆうゆう旅行企画設立，シルバー層を対象
	7.10	レンタカー商品「フライ＆ドライブ」発売
	10.1	エース，国鉄「シュプール号」利用のスキー商品発売
1987年	4.1	駅旅行センターの共同運営から撤退
	7.1	北海道で列車貸切りによる「JTBパノラマ特急」運行（〜10.20）
	7.1	エース，八重山・はいむるぶしで熱気球運航
	7.31	JR定期券委託販売打切り（一部大都市圏を除く）
1988年	9.21	JR，近畿日本ツーリストと共同で国際花と緑の博覧会入場券管理業務受託
1989年	4.1	エース共同運行バス「北海道大自然号」運行開始，以降全国各地で運行
1990年	5.24	サンリオピューロランド（12.7オープン）の入場券販売総代理店獲得（7.20販売開始）
	10.5	「部屋自慢の宿　貴賓室クーポン」「スイートルームプラン」，新宿泊プラン販売開始
	12.-	全国15支店にクルーズデスク設置
1991年	1.16	メディア商品「JTBの旅」を「旅物語」と名称統一
1992年	12.1	「ウインターホテルプラン」，低価格設定商品の販売開始
1993年	3.-	「風土浪漫（Food-Roman）」，食事プランの販売開始
	4.1	「バンケットクーポン」販売開始
1994年	4.-	エース・旅物語・Aユニットの共同企画による低価格戦略商品「たびりすと」販売開始
	11.-	日本文化をテーマとした全国共販エース「歴史街道」販売開始
	12.19	「JTB運転免許プラン」取り扱い開始

出所：『JTBグループ史 1912-2012』pp.626-643を筆者が加筆修正.

2）国内旅行ビジネスの成熟期Ⅱ［1995〜2010年］

（1）社会情勢・経済状況と旅行ビジネス［1995〜2010年］

　旅の志向は団体から少人数（個人・家族）へ移行し，新たな旅先と旅のスタイルが求められるようになるなか，マス・ツーリズム[12]による環境の破壊や地域文化の崩壊への反省がなされるようになってきた．環境と開発に関する国際連合会議（UNCED，1992年）はサスティナブル・ツーリズム（持続可能な観光）を支持，バブル崩壊後の日本でも，1990年代半ば頃より，エコツーリズムやグリーンツーリズムが政策として取り上げられるようになる．欧米から持ち込まれたこれら概念を，日本の文化的な土壌にいかに融合させ，日本型のサスティナブル・ツーリズムを構築するかが大きな課題となった（旅の文化研究所 2011: 499）．

　1990年代後半，金融機関の信用低下，雇用不安の拡大などが重なり，企業の設備投資や個人の消費マインドが冷え込む厳しい時代であった．日本経済（2000年度）は，政府の金融，財政政策の効果やIT関連投資の拡大を受け，一時的にデフレスパイラル状況を脱したものの，雇用情勢の悪化や株価の長期低迷，流通や生命保険業界の大型倒産により，景気は低調に推移した．旅行業界は，海外旅行を中心に個人需要が堅調，法人需要にも一部業種で回復傾向がみられたが，インターネット販売の進展による競合の激化，さらには消費者の低価格志向など，業界を取り巻く環境は依然として厳しい状況にあった（JTB100周年事業推進委員会 2012: 414）．

　インターネットをはじめとする情報技術の進展・普及により，メディア販売の波は，新たな段階，オンライン販売へと進化していくことになる（岡本 2009: 48）．

（2）オンライン・トラベル・エージェントの台頭

　オンライン・トラベル・エージェント（OTA，非対面販売）の登場は，従来型旅行会社（オフライン，対面販売中心）のビジネスモデルに変容を迫ることになる．特に，海外OTAの成長は目覚ましく，「エクスペディア・グループ」（米国，1996年設立），「ブッキングドットコム」（オランダ，1996年設立），「トリップドットコムグループ」（中国，1999年設立）は世界旅行業売上高トップ3（2019年度）を占有，大躍進を遂げた．一方，国内OTAは，「じゃらんnet」（2000年設立），「楽天」（2001年設立）が24時間・365日営業の利便性，低手数料率，ローコストオペレーション（人件費・固定費の低減など）を実現，情報化社会の進展に伴いその優

位性を年々高めていた．旅行者の利便性と魅力的な宿泊料金，従来の旅行業者との契約に不満を持っていた施設や自社で在庫をコントロールできる自由度が魅力となり，会員数・契約施設数とも順調に増やし，インターネットでの宿泊販売を拡大していくことになる（安田 2018: 216）．国内旅行ビジネスの大きな収益源である宿泊販売における占有率を高め，大手総合旅行会社の地位を脅かす存在へ成長していくことになる．

（3）成熟期を迎えた国内旅行ビジネス

　JTBグループは，成長著しい電子商取引（Eコマース）市場への対応を急いだ．株式会社たびゲーターをソフトバンクグループと合弁で設立（2000年4月），また，ビジネスホテルに特化したインターネット予約サイト「e-Hotel」の運営を開始(同年6月)，インターネット上での旅行商品の販売を開始した．さらには，コンビニエンスストアにおけるマルチメディア端末の増強や端末操作性の改善，容量やコンテンツの拡大を図った（JTB100周年事業推進委員会 2012: 416-417）．クロスチャネル戦略を推進しつつ，宿泊・レンタカー・国内航空券を組み合わせたダイナミックパッケージ「るるぶトラベルツアー」をリリース(2010年)，ホームページとの連動や広告宣伝を強化した（JTB100周年事業推進委員会 2012: 502）．

　個人需要への対応では，国内航空運賃に幅運賃制度が導入（1996年）され，さまざまな割引運賃が誕生した（JTB100周年事業推進委員会 2012: 385）．航空法改正（2000年2月）による全日空のバーゲン型運賃や日本航空のインターネット運賃など，航空運賃の多様化に対応した商品造成に注力し需要喚起に努めた．同時期，高速ツアーバスの企画・運行（募集型企画旅行）を始めたウィラー・エクスプレス株式会社（2006年1月設立）は，格安な運賃プランを武器に若年者層を中心に需要を獲得，路線網を拡大した．また，豪華バスツアー（日帰りを含む）が熟年者層に支持され，高価格帯のバスツアーが多く商品造成されるようになった．

　法人需要への対応では，新学習指導要領に基づき導入された「総合的な学習の時間」(2002年度以降)に対応した高付加価値商品「まな旅サポート・修学旅行」・「＠発見！修学旅行」を投入した他，修学旅行用の企画商品「Sユニット」を開発した．また，生涯学習マーケット分野の開拓など，修学旅行・遠足・研修・留学を中心とした従来の教育旅行分野とは異なる切り口から，新たな商品・分野への取り組みを強化した（JTB100周年事業推進委員会 2012: 439）．一般法人分野

では，課題解決型営業モデル「J-mode」の定着を図り，同時にメジャー法人に対しては，JTBグループの総合力を活かした提案領域の拡大と取扱額の最大化を目的にプロデューサー型営業を推進した（JTB100周年事業推進委員会 2012: 438）．また，ビジネストラベル領域の営業強化を目指し，株式会社JTBビジネストラベルソリューションズとカールソン・ワゴンリー・トラベル（米国）との共同出資による新会社を設立（2001年1月），オンライン発注を可能とする「総合出張管理システム」を開発し，法人の出張関連を含めた総需要の獲得に努めた（JTB100周年事業推進委員会 2012: 417, 440）．

　日本は人口減少社会に突入，低経済成長が続くなか，国内旅行ビジネスは成熟期を迎えることになった．時流に見合う価値創出へむけて，新たな事業分野への取り組みを強化，また，インターネットやマルチメディア端末を活用した旅行販売（非対面）への移行など，従来型旅行ビジネスからの変容を自ら求め，デジタル基盤の形成を中心に経営資源が投入された．

（4）地域交流ビジネスの推進

　「総合旅行産業」から「交流文化産業」（2004年4月）へ，「人と人の交流を基軸に，お客様の課題解決や精神的満足の提供に関する提案を行うビジネス」と定義，単なる観光旅行に留まらない，さまざまな交流を積極的に創造・推進することにより，事業領域の拡大を図ろうとした（JTB100周年事業推進委員会 2012: 460）．

　JTBグループ11社に地域交流ビジネス推進部署を設置（2007年度），地域交流ビジネスを推進することにより，DMCという新たな企業像を確立することを目的とした．具体的な商品施策では，着地型エース商品の造成，環境に配慮した旅行の開発（JTB100周年事業推進委員会 2012: 476-477）など，新たな成長分野の育成を目指し始めた．特に，地域交流ビジネスに関しては，国の新成長戦略の1つに掲げられた「観光・地域活性化」に対応する全社推進体制として，「47都道府県地域行政営業ネットワーク推進プロジェクト」（47DMCプロジェクト，2009年12月）を立ち上げ，このプロジェクトのもとでグループ本社と県庁所在地支店が連携，地域活性化事業をはじめとする地域交流ビジネスの推進を本格化させた（JTB100周年事業推進委員会 2012: 501-502）．

　地域観光を担う新たな観光地経営組織「観光地経営体（日本版DMO）」[13]が2016年に登場，地方創生の動きに呼応し，その創設の動きは全国的に広まり，地方

表 4 - 8　〈国内〉「年表」（1995～2010年）成熟期Ⅱ

年	月日	国内旅行関連
1995年	2 .-	JTBホームページを開設
1996年	2.26	東京都内のサンクス100店舗にマルチメディア端末導入
	4 .-	宿泊プラン総合カタログ「セレクト3000」をインターネットで発信
1997年	7.20	HTA販売，ミニストップ情報端末と接続開始（22日ヤマザキ，10月13日ファミリーマート，1998年2月3日ローソンの各情報端末と接続開始）
	10.13	HTAオペレーションセンター，開業（1998.4.1　中央HTA販売センター開設）
1998年	2.3	HTA販売　ローソンのマルチメディア端末（Loppi）に旅行商品本格投入
	4.27	「JTB INFO CREW」サービス開始（6月10日，宿泊プラン販売開始）
	9 .-	HTA販売，コンビニで全日空国内線の予約・決済開始，日本航空国内線の予約・決済開始（10月）
2000年	4.10	ヤフー・ソフトバンクイーコマースと合弁会社，㈱たびゲーター設立
	10.1	体験型学習プログラムの商品名，「Let's　JTB（体験学習プログラム）」に決定，全国一斉営業開始
2001年	4.27	JTB，JR東日本，日本航空の3社共同で旅行情報サイト「えきねっとTravel」開設
	7.11	セブン-イレブンのマルチメディア端末に高速バス検索発券システム稼働開始，29路線でスタート
2002年	5 .-	国際エコツーリズム年を機に"大人の知的好奇心型旅シリーズ「ファーブル」販売開始
	7 .-	JTBバリアフリープラザ主催旅行商品「ソレイユ」，第1弾「ソレイユバリアフリーのお宿」取り扱い開始
	10.-	エース全国共同運行バス商品 JTB四国八十八カ所めぐり「癒しの旅・おへんろ紀行」を企画造成
2003年	6 .-	デジタルパンフレット配信開始（「旅物語」など）
	9.16	銀座並木通りに高品質旅行専門店「ロイヤルロード銀座」オープン
2004年	8 .-	非対面セールスセンター「JTB.comセンター」スタート
2007年	3.1	i.JTB「るるぶトラベル」開設
	7.1	全国初の着地型旅行商品「Rikkaおきなわ」販売開始，Rikkaおきなわコンタクトセンター設置
2008年	3 .-	JTBホームページに「着旅」（現地体験プログラム紹介）開設
	4.1	（株）モバたび設立，営業開始（6月携帯サイト「モバたび」開設）
	11.-	パナソニックサイクルテックと業務提携，「ecoバイク［旅チャリ］」のリリース事業を全国展開
2009年	4.10	全国着地型富裕層向け商品「日本の美を極める」47都道府県で販売
	9 .-	フジテレビ「めざましテレビ」とタイアップ，中高生向け職業体験型教育プログラム開発
2010年	6 .-	宿泊と航空券，レンタカーの組合せが可能なダイナミックパッケージ商品「るるぶトラベルツアー」販売開始

出所：『JTBグループ史 1912-2012』pp.642-671を筆者が加筆修正.

を中心に新たな観光地経営の仕組みが稼働を始めた（谷口 2020: 128）．新たな領域「地域交流ビジネス」の創造・推進にむけては，観光地経営体（日本版DMO）との協働活動を継続的に担いつつ，「受地」側から魅力を創造・発信する見地が不可欠となっている．

3）国内旅行ビジネスの成熟期Ⅲ［2011〜2019年］

（1）社会情勢・経済状況と旅行ビジネス［2011〜2019年］

　未曾有の大惨事，東日本大震災（2011年3月11日）は観光産業へ甚大な悪影響を及ぼした．主要旅行会社の2011年4月総取扱額はマイナスに転じて2割減，訪日外国人旅行は8割減まで落ち込んだ．観光を震災復興に貢献する「基幹産業」と位置づける方針を政府は示し，被災地へのボランティアツアー・震災復興支援ツアーが催行された他，東北地方全体を博覧会場に見立てた「東北博覧会」も開催された．

　2020東京五輪開催が決定（2013年9月8日），東日本大震災からの復興を世界へ発信できた効果は大きく，訪日外国人旅行者数（インバウンド）は著しく増加，日本観光の国際化は新しい段階に入ることになった．インバウンド観光の伸長は，消費増税で低迷している日本人旅行需要を埋め合わせるだけでなく，訪日外国人旅行者VS国内旅行者のホテル・バス争奪戦に発展，ホテル稼働率上昇による客室不足の懸念他，国内旅行ビジネスに強い影響を及ぼす様相となった．その他にも，オーバーツーリズム[14]（観光公害）への諸対応をはじめ，既存大手旅行会社のビジネスモデル，旅行会社が主導してきた地域観光振興モデルに変革を迫ることになる．

　自然災害と異常気象による甚大な被害が多発化，旅行業界をはじめ，運輸業界・宿泊業界などの観光産業に悪影響を及ぼすことが繰り返されるようになってきた．こうした事態を事前に回避するためにも，安心・安全に配慮したリスク管理・危機管理は観光産業に求められる基本的な姿勢であることを強く意識せざる負えない時代となった．

（2）需要喚起にむけた事業拡張の動き

　2012年の空輸事業，日系LCC3社の国内線就航（ピーチアビエーション，ジェットスター・ジャパン，エアアジア・ジャパン）は，リーズナブルな運賃の航空座席を大量に供給することを実現化した．同年，高速ツアーバス事業においても乗合

事業との一体化が実現（ウィラートラベル，オリオンツアー他），魅力的な運賃の座席供給が可能となった．新たな旅行需要を掘り起こし，国内旅行の推進力として期待された．

　一方，富裕層をターゲットとする事業拡張の動きも加速した．2013年，JR九州は豪華列車「ななつ星in九州」を日本最初のクルーズトレインとして運行を開始，2017年にはJR東日本「TRAIN SUITE四季島」・JR西日本「TWILIGHT EXPRESS瑞風」が登場，JR各社は豪華クルーズトレインの運行を拡大（四季島・瑞風他），JR以外の地方鉄道事業者も多様な観光列車の運行をはじめている．客船事業では，官民連携による国際クルーズ拠点の形成を政府が後押し，外資系クルーズ会社が日本発着クルーズ市場へ参入（プリンセス・クルーズ，キュナード，MSC他），日本居住者のクルーズ需要は高まり続け，市場は顕著な拡大を続けることになった．宿泊事業では，外資系高級ホテルグループが国内宿泊市場へ参入（ヒルトン，マリオット，ハイアット，アマン他），都心部・観光地を中心に建設ラッシュが続いている．

　このように，国内旅行・訪日外国人旅行の需要喚起にむけた事業拡張の動きは，旅の素材を量的・質的に変容させることとなり，国内旅行の商品造成面にも新たな潮流を生み出すことになった．

（3）着地型旅行商品の拡充

　着地型旅行の促進にむけた「第３種旅行業（地域限定旅行業）」が2012年に新設され，国内旅行の活性化には不可欠とされる着地型旅行の環境整備が進みはじめることになる．2015年，JTBは国内最大級の遊び・体験の予約サイトを運営するアソビューと包括的業務提携を締結，じゃらんnetは体験プログラムを予約できるサービスを開始するなど，既存旅行会社（発地型中心）が着地型旅行を強化，着地型旅行商品を拡充する動きが各社でみられるようになってきた．

　東京一極集中を是正し日本全体の活力を上げることを目的とした一連の政策「地方創生」は，第２次安倍改造内閣発足後の記者会見での発表以降（2014年9月3日），重要政策に位置付けられ，地方を中心に取り組みが加速した．地方における観光消費への期待は大きく，地方型「コト消費」の場づくりが進められ，スポーツ・アクティビティ（スキー・スノーボード，サイクリング他），温泉入浴，自然体験，農山漁村体験など，変化する旅行者ニーズを捉えながら，地方に眠る宝を「受地」は掘り起こし続けている．

表 4 - 9　〈国内〉「年表」（2011～2019年）成熟期Ⅲ

年	月日	国内旅行関連
2011年	3.11	東日本大震災で観光産業に大打撃
	3.12	九州新幹線が開業（博多～新八代間，博多～鹿児島中央間全線開通）
		高齢者市場を本格化する中小旅行会社（介護旅行，バリアフリー旅行）
2012年	5	東京スカイツリー開業
	7.31	高速ツアーバス事業，乗合事業と一本化
		日系LCC 3 社が国内線就航（ピーチアビエーション，ジェットスター・ジャパン，エアアジア・ジャパン） 3 月：全日空（NH）出資のピーチ・アビエーション（MM，関空拠点） 7 月：日本航空（JL）とジェットスター（JQ）の共同事業，ジェットスター・ジャパン（GK，成田拠点） 8 月：全日空（NH）とエアアジア（AK）の共同出資によるエアアジア・ジャパン（JW，成田－新千歳就航）
		HIS，国内旅行事業に本格着手
		SNS利用のCtoCビジネス活況（Airbnb他）
2013年	2	JTBとエクスペディアが業務提携
	4	地域限定旅行業が新設
	10.15	豪華観光寝台列車「クルーズトレイン」が運航開始（九州旅客鉄道，ななつ星in九州）
		スマホ普及で観光関連サービスが続々と登場
2014年	4	JTB，国内ホールセール会社を設立「JTB国内旅行企画」 イベントや学び・交流要素のある旅行，訪日旅行商品，客室買い取りや販売保証など
		稼働率上昇で客室不足・貸切バス不足（堅調な国内旅行需要や訪日旅行市場の急拡大を背景）
		LCCと大手旅行会社が資本提携する動きが加速
2015年	3.14	北陸新幹線が開業（長野～金沢間）
		「地方創生」の掛け声に呼応，自治体と旅行事業者の連携拡大
		着地型旅行の強化へ動きが活発化
		JTBは国内最大級の遊び・体験の予約サイトを運営するアソビューと包括的業務提携を締結（4 月） 「じゃらんnet」にて体験プログラムを予約できるサービスを開始
		コンビニエンスストア各社が観光分野へ参入，事業者連携が進む
		訪日クルーズ急増，日本発着クルーズのキャビン確保が困難化
2016年	3.26	北海道新幹線が開業（新青森～新函館北斗間）
		観光庁は 1 月より日本版DMO候補法人の登録開始，各地で登録に向けた組織が次々と誕生
		地域の観光協会や異業種企業が旅行業登録を行う動きが顕著
2017年		商材として旅行に目を付けた異業種企業が旅行会社を取り込む動き（異業種の旅行業M&A）が相次ぐ
		自治体や地域に根ざした企業が訪日客の誘致に向け，外資系OTAと連携する動きが活発化
		クルーズトレイン運行拡大【5 月：JR東日本（四季島），6 月：JR西日本（瑞風）】
2018年	6.15	「住宅宿泊事業法（民泊新法）」施行 JTBが百戦錬磨と資本・業務提携他
		遠隔旅行・疑似旅行，新形態の商品化が進む（AI，VR，ロボットなど）
		観光にMaaS波及，2 次交通改善の動きが進む
2019年	9	ラグビー・ワールド開催（9 月20日～11月 2 日，44日間）が訪日旅行・国内旅行増に貢献
		相談料収受に挑むも半年で中止（JTB）
		eスポーツが盛況 地域での交流や消費につなげようと旅行事業者も触手（JTBコミュニケーションデザイン）

出所：週刊『トラベルジャーナル』（2011～2019年）から抜粋し，筆者が加筆修正.

4　国内旅行ビジネスの停滞期［2020〜2022年］

1）社会情勢・経済状況と旅行ビジネス［2020〜2022年］

　2020年2月，クルーズ客船（ダイヤモンド・プリンセス号）にてクラスターが発生，新型コロナウイルス感染症が日本に脅威をもたらすことになる．新型コロナウイルス感染症のパンデミックは，多くの旅行を消失させてしまう事態を引き起こし，観光産業界は戦時下を除く，過去最大の危機を迎えることになった．

　ラグビーワールドカップ開催（2019年）は予想を超える盛り上がりとなり，2020東京五輪への期待は増幅されたが，延期開催となった東京オリンピック・パラリンピック（2021年）は無観客での実施となり，効果を期待していた観光産業は失意の底に沈んだ．航空業界は需要の激減で構造改革，宿泊・旅行業界は倒産や廃業が急増し旅行店舗の統廃合が加速，MICE業界もイベントの中止で苦境となる．これまで経験したことのない危機的状況に鑑み，政府は「GoToトラベルキャンペーン」策を講じて観光産業の救済に乗り出した．その休止後も引き続き，観光需要の喚起策「全国旅行支援」を全国で展開した．

　ロシアのウクライナ侵攻（2022年2月24日），米中関係の悪化，北朝鮮のミサイル発射など，平和な世情を前提に成り立つとされる観光産業は世界的な戦争・テロの脅威にさらされはじめている．感染症のパンデミック，戦争・テロ，天災など，世界的規模で多様な危険・危機が散在することを強く認識しなければならない時代となった．

2）前進した旅行業界のデジタル化対応

　新型コロナウイルス（COVID-19）感染症のパンデミックは観光産業に過去最大の危機をもたらすとともに，日本の旅行業界に内在していたビジネススタイルの課題を顕在化させた．遅れていた旅行業界のデジタル化対応は，その1つである．

　デジタル化への対応は大きく前進，タビナカのDX（Digital Transformation）や流通環境の整備が一挙に進んだ．アソビューはレジャー施設の電子化を支援，JTBは地域のコンテンツを束ね販路と結びつけるプラットフォーム「JTB BÓKUN」の提携先を増やすなど，デジタル化への動きが推し進められた．その他，バーチャル対応の実現化（接客・会議），オンラインツアーの活況，近場

表 4 -10　〈国内〉「年表」（2020～2022年）停滞期

年	月日	国内旅行関連
2020年	2	新型コロナウイルスが世界的に流行，観光事業者に深刻な影響を及ぼす
	4	全日空と日本航空が国内募集型企画旅行に価格変動型運賃（ダイナミックプライス）を適用開始 「JTBダイナミックパッケージMySTYLE」他，旅行各社は商品化に動き始めた．
	7.22	観光業界の救済策として，政府は予算1.3兆円を投じて『GoToトラベルキャンペーン』をスタート 需要喚起の効果はあったが，直前まで開始時期の繰り上げや対象地域の変更など，運営事務局を含む現場は翻弄された．
		新型コロナウイルスの影響で宿泊業の倒産が増加，旅行会社も自主廃業が増加
		コロナ禍で会議や接客のあり方が激変，バーチャル対応サービスが拡充
		星野佳路代表（星野リゾート）がウィズコロナ時代の旅のあり方として提唱した「マイクロツーリズム」 自宅から1時間で行ける範囲に目を向ける旅がキーワードとして広がった．
		リアルの旅行が実施できないなか，オンラインのバーチャルツアーを手掛ける事業者が増加 形態は一般的な観光からバス旅行，修学旅行，専門家による講座，留学体験など多岐に渡った．
		政府がワーケーションを推進する方針を示し，新たな生活様式に沿う旅行スタイルが普及 地域側（自治体・観光事業者など）も受け入れ環境の整備に着手し始めた．
2021年	7	東京オリンピックが開幕（7月23日～8月8日，17日間）※2020年度予定を延期開催
		オンラインツアーが定着 イベント中止で行き場を失った食材を使い料理教室を展開し地域支援に繋げたり，訪日旅行市場では日本各地の紹介とともに特産品を購入できる試みに挑むなど，多様化が進んだ．
		成長分野の地域振興事業，旅行大手の参入が相次ぐ
		観光DX（デジタルトランスフォーメーション）が進展 交通・宿泊・飲食・施設利用をまとめたMaaSを実施する他，顔認証（乗車・施設入場）・顔パス決済等が導入される．
2022年	9.23	九州新幹線西九州ルートが開業（武雄温泉～長崎間）
		流通の仕組みづくりが遅れていたタビナカのデジタル化対応が進む アソビューはレジャー施設の電子化を支援，JTBは地域のコンテンツを束ね販路と結びつけるプラットフォーム「JTB BŌKUN」の提携先を増やすなどの動きがみられた．
		旅行ガチャが旋風を巻き起こす 購入時点で行き先知れずの旅行商品が人気となる．
		観光産業は人手不足という深刻な課題に直面 行動制限の緩和で日常が戻り，旅行市場が再び動き出し始める．

出所：週刊『トラベルジャーナル』（2020～2022年）から抜粋し，筆者が加筆修正．

商圏を狙うマイクロツーリズムの普及，ワーケーションの推進など，コロナ禍の強制的なテレワークや地方回帰の動きをきっかけに，新たな事業の始動やサービスの創出に繋がることになった．地方における交通手段の維持と活用を目的としたMaaS（Mobility as a Service）への取り組みなど，既存資源と新しい技術・プラットフォームを組み合わせ，地域・産業における課題解決を図る取り組みが強化された．

　持続可能なツーリズムモデルの提示，変化する消費者のライフスタイル・ニーズへの順応，質の高いサービスの提供など，過去最大の危機は新たなビジネスモデルやイノベーションを誘発し，旅行業界は大きな転機を迎えることになる．

注
1）　運送機関などのために，旅行者に対して運送サービスの提供について代理して販売する行為．各種乗車船券や航空券などをその代理人として販売する行為のことである（北川 2008: 159）．
2）　一綴りの乗車券である．周遊券の原型は1925年のクーポン式遊覧券（発駅から着駅までの乗車券・旅館券などをセットにした便利な通し切符）である．周遊券は観光の大衆化への牽引力となったが，それは観光が手軽な旅行商品となる礎ともなった（長谷 1997: 141）．
3）　1963（昭和38）年法律107号．観光に関する国の政策の基本方針，政策の目標，必要な施策を示している（長谷1997: 220）．
4）　旅行業を営む者が，あらかじめ，旅行の目的地および日程，旅行者が提供を受けることができる運送又は宿泊サービスの内容，並びに旅行者が旅行業を営む者に支払うべき対価に関する事項を定めた旅行に関する計画を作成し，これに参加する旅行者を，広告その他の方法により募集して実施する旅行をいう（長谷 1997: 137）．
5）　運輸・宿泊機関の座席や客室などをあらかじめ確保し，旅行全体をセットしておいて，個人旅行客を募集する旅行をいう（長谷 1997: 137）．
6）　1970年10月から展開された国鉄によるキャンペーンのキャッチコピーである．積極的展開期間約１年間と長期にわたるこの企画で国鉄が使用した媒体やイベントの多様性そして話題性は，観光を目的性よりもテーマ性に訴えPRするということの効果を刻印づけるものであった．日本や日本人のアイデンティティの再確認，日本人の心の原郷の再発見を希求する動きが活性化した（北川 2008: 171）．
7）　若い女性が観光旅行の主役となるきっかけをつくった．このころ発刊されたananとnon-noは，旅行記事を掲載し，これらの雑誌を手にした若い女性が観光地に溢れ，アンノン族と呼ばれた．これにより，小京都と呼ばれる町などが認知されていくことになる（岡本 2009: 19）．

8 ）　旅行会社が販売契約をしている協定旅館のなかから，時流に合わせたテーマを設定の後，協賛する旅館を募り，特別なパンフレットを作成し，販売する旅館券をいう（長谷 1997: 141）.

9 ）　日本交通公社（24センター），日本旅行（47センター），近畿日本ツーリスト（ 8 センター），東急観光（ 4 センター）が撤退した（JTB100周年事業推進委員会 2012: 305）.

10）　国鉄が分割民営化される直前の定期券は，国鉄の窓口と18の旅行会社で販売されていた．日本交通公社の一括扱いの企業数は全国で1400社に上っていた（JTB100周年事業推進委員会 2012: 305）.

11）　ホールセラーが企画・造成・卸しをしたホールセール（募集型企画旅行＝旧主催旅行）商品を小売（リテール）する機能をいう．リテール機能の最大の発揮は，販売網の拡充策と顧客対応サービスの向上策にあり，それらの成果が，販売収入の増大となって現れ，企業発展に繋がる（長谷 1997: 135）.

12）　「大衆観光」と訳出されることが多い語である．いわゆる団体旅行がその形態を代表するものとして認識されているが，商品としての観光旅行の大量消費を前提とした大量生産をいう（北川 2008: 223）.

13）　国（観光庁）は，『地域の「稼ぐ力」を引き出すとともに地域への誇りと愛着を醸成する「観光地経営」の視点に立った観光地域づくりの舵取り役として，多様な関係者と協同しながら，明確なコンセプトに基づいた観光地域づくりを実現するための戦略を策定するとともに，戦略を着実に実施するための調整機能を備えた法人』，と説明している（観光庁HP 2019年:〈https://www.mlit.go.jp/kankocho/page04_000048.html〉2019年 9 月28日アクセス）.

14）　特定の観光地において，訪問客の著しい増加等が，地域住民の生活や自然環境，景観等に対して受忍限度を超える負の影響をもたらしたり，観光客の満足度を著しく低下させるような状況（JTB総合研究所 2023）.

15）　地域住民や旅行者一人ひとりのトリップ単位での移動ニーズに対応して，複数の公共交通やそれ以外の移動サービスを最適に組み合わせて検索・予約・決済等を一括で行うサービスであり，観光や医療等の目的地における交通以外のサービス等との連携により，移動の利便性向上や地域の課題解決にも資する重要な手段となるもの（国土交通省 2023）.

参考文献

岡本義温・小林弘二・廣岡裕一編著（2009）『新版 変化する旅行ビジネス』文理閣.

観光庁「政策について『日本版DMOとは？』」〈https://www.mlit.go.jp/kankocho/page04_000048.html〉2019年 9 月28日アクセス.

北川宗忠編者（2008）『観光・旅行用語辞典』ミネルヴァ書房.

経済産業省（2019）「『DX推進指標』とそのガイダンス」2019年 7 月〈https://www.jimga.

or.jp/files/news/jimga/200909_meti_guidance.pdf〉2023年7月20日アクセス.

国土交通省「日本版MaaSの推進」〈https://www.mlit.go.jp/sogoseisaku/japanmaas/
　　promotion/index.html〉2023年4月10日アクセス.

JTB100周年事業推進委員会編纂（2012）『JTBグループ100年史 1912-2012』ジェイティー
　　ビー.

JTB総合研究所「オーバーツーリズム『観光用語集』」〈https://www.tourism.jp/tourism-
　　database/glossary/ over-tourism/〉2023年4月10日アクセス.

『週刊　トラベルジャーナル』トラベルジャーナル
　　2011.12.19-26（pp. 8 -13），2012.12.24-31（pp.12-27），2013.12.23-30（pp.12-17），
　　2014.12.22-29（pp.12-17），2015.12.21-28（pp.12-17），2016.12.19-26（pp.12-17），
　　2017.12-18-25（pp.12-17），2018.12.24-31（pp.10-15），2019.12-23-30（pp.10-15），
　　2020.12.21-28（pp.10-15），2021.12.20-27（pp. 8 -13），2022.12.19（pp. 8 -13）.

全国商業高等学校長協会 商業教育対策委員会編（2019）『新高等学校学習指導要領の実施
　　に向けて――教科商業科に関する一問一答集――』全国商業高等学校長協会 商
　　業教育対策委員会.

谷口知司・福井弘幸編著（2020）『ひろがる観光のフィールド』晃洋書房.

旅の文化研究所編（2011）『旅と観光の年表』河出書房新社.

日本旅行百年史編纂室（2006）『日本旅行百年史』日本旅行.

長谷政弘編著者（1997）『観光学辞典』同文館出版.

福本賢太・宍戸学・吉田常行共著（2011）「観光甲子園事業の成立過程と現況」『観光ホス
　　ピタリティ機関紙第5号』.

安田亘宏・中村忠司（2018）『旅行会社物語』教育評論社.

立教大学観光学部旅行産業研究会編（2019）『旅行産業論　改訂版』日本交通公社.

第 II 部

観光ビジネスの新展開

第 **5** 章

旅行会社のリソースを活用したビジネスの展開
──旅行会社による新たな観光ビジネス Ⅰ──

　近年は「モノからコト」消費へ変化が進み，旅行業界でも旅行先よりも「何をしたいのか」という経験を目的とする潮流が大きくなってきた．

　本章では，時代の潮流に則り，経験を目的とする旅行の1つとして，「スポーツツーリズム」と地域課題・社会課題に向けた旅行会社による観光ビジネスについて概観する．

1　スポーツツーリズム

1）スポーツツーリズムについて

（1）スポーツツーリズムの概念

　UNWTO（World Tourism Organization）[1]（2022）によると，観光商品は，目的地の特定の関心を中心にして，周りの自然，文化，人工資源，アトラクション，施設，サービス，活動などの有形および無形の要素の組み合わせであるとし，例として農村観光，ガストロノミーとワインツーリズム，山岳観光，アーバンツーリズム，スポーツツーリズム，ショッピングツーリズムがあげられている．

　さらにスポーツツーリズムにおけるスポーツは，プロ，アマチュア，またはレジャー活動など，さまざまな目的地や国でプレー，競争，参加，観戦するために長時間の旅行を伴う．特にオリンピック，サッカー，ラグビー選手権などの主要なスポーツイベントは，それ自体が強力な観光資源となり，開催地の観光イメージに非常にプラスに貢献するため，スポーツとツーリズムは，「相互に関連し補完的である」と説明している．つまり，スポーツはツーリズムの大きなテーマの1つとして位置づけられている．

　そして，スポーツツーリズムは，観光業界で最も急速に成長している分野の1つであり，スポーツが旅行の主目的であるかどうかにかかわらず，今後ますます多くの旅行者が旅行中にスポーツ活動に興味を持つとされ，今後の大きな

可能性が示唆されている．特に，オリンピックやワールドカップなどの国際的なスポーツイベントは，目的地のブランディング，インフラ開発，その他の経済的，社会的貢献の観点から活用次第で，観光開発を促進する可能性があるとされている（UNWTO 2023）．

　また，スポーツツーリズム推進連絡会議（2011: 2）は，スポーツツーリズムを次のように説明している（図5-1）．

> 　スポーツツーリズムとは，（中略）日本の優位なスポーツ資源とツーリズムの融合である．スポーツツーリズムは，スポーツを「観る」「する」ための旅行そのものや周辺地域観光に加え，スポーツを「支える」人々との交流，あるいは生涯スポーツの観点からビジネスなどの多目的での旅行者に対し，旅行先の地域でも主体的にスポーツに親しむことのできる環境の整備，そしてMICE推進の要となる国際競技大会の招致・開催[2]，合宿の招致も包含した，複合的でこれまでにない「豊かな旅行スタイルの創造」を目指すものである．

　以上のようにスポーツとツーリズムの関係は，相互に関連し補完的であり，スポーツ資源とツーリズムの融合である．そして，スポーツツーリズムは，スポーツを主目的にするだけではなく，周辺観光，人々の交流，ビジネスなど多目的の旅行者をつなぐフックの役割を果たすこれまでにない新たで豊かな旅行スタイルの創造であり，観光における大きな成長分野の1つであるといえよう．

（2）スポーツツーリズムの変遷

　日本において，観光が国家戦略として位置づけられるようになったのは比較的新しく，2000年以降のことである．

　スポーツツーリズムは，2010（平成22）年1月に観光立国推進本部で初めてとりあげられ，同年5月の「スポーツツーリズム推進連絡会議」設置，2011（平成23）年8月，スポーツを通じて国民が生涯にわたり心身ともに健康で文化的な生活を営むことができる社会の実現を目指す『スポーツ基本法』の施行（文部科学省 2011）を経て，同年11月には「スポーツツーリズム推進基本方針」が策定され，推進が図られた（日本スポーツツーリズム推進機構 2022）．

　さらに2010（平成22）年11月のスポーツツーリズム推進本部において，「スポーツ観光」，「医療観光」，「ファッション・食・映画・アニメ」が，新しい観光連

「スポーツツーリズム」とは，スポーツ資源とツーリズムを融合する
取り組みをいい，既存のスポーツ資源のほかにも地域資源がスポーツ
の力で観光資源となる可能性も秘めています．

スポーツを　する（大会参加やアクティビティ，合宿など）
　　　　　　観る（スポーツ観戦など）
　　　　　　支える（ボランティアやマネジメントなど）
これらにより…
　　●周辺観光や飲食宿泊などの経済効果
　　●人々との交流などの交流人口拡大
　　●旅行者へのスポーツ施設・プログラムや宿泊環境整備などによる
　　　まちづくり
　　●国際競技大会をはじめ，スポーツイベント招致による地域発信が
　　　期待できます．

図 5-1　スポーツツーリズムについて

出所：日本スポーツツーリズム推進機構（2021: 2）．

携分野として示され（観光庁 2010a: 9），2012（平成24）年 3 月の「観光立国推進
基本計画」では，スポーツツーリズムが，ニューツーリズムの 1 つとして示さ[3]

れ（観光庁 2012: 56），同時に「スポーツ基本計画」でも，国および地方公共団体はスポーツを地域の観光資源とした特色ある地域づくりを進めるため，他組織との連携・協働を推進するなど（文部科学省 2012: 53），スポーツツーリズムの位置づけが明確になった．

　そして，同年4月に一般社団法人日本スポーツツーリズム推進機構（Japan Sport Tourism Alliance）が設立された．ここでは，会員として自治体やスポーツ団体，ツーリズム関連企業などの法人や個人が登録され，スポーツツーリズム推進の官民連携ハブとなることを目指し，スポーツによる地域づくりを進めるため会員相互の交流促進，ノウハウや先進事例の共有，人材育成，スポーツツーリズム関連コンサルティング業務などに取り組んでいる（高橋ら 2015: 14）．

　2013（平成25）年の2020年東京オリンピック・パラリンピック競技大会の東京開催決定，2015（平成27）年のスポーツ庁設置，2016（平成28）年にはスポーツ庁，文化庁，観光庁の包括連携協定「『スポーツ・文化・観光』の連携による取組」が締結され（スポーツ庁 2018），一挙にスポーツ，文化，観光の融合が進むことになった．

　2017（平成29）年の『第2期スポーツ基本計画（2017〜2021年度）』では，スポーツツーリズムの活性化とスポーツによるまちづくり・地域活性化の推進主体である地域スポーツコミッションの設立を促進することが盛り込まれ（スポーツ庁 2017: 22-23），2022（令和4）年の『第3期スポーツ基本計画（2022-2026年度）』においては，スポーツを活用した経済・社会の活性化のためスポーツツーリズムの更なる推進が示された（スポーツ庁 2022: 51-52）.[4]

　一方，スポーツ産業全体にとっての大きなトピックスが，2016（平成28）年に内閣官房から発表された「日本再興戦略2016——第4次産業革命に向けて——」である．そこには，「官民戦略プロジェクト10」が具体的に記述されている（内閣官房成長戦略本部 2016: 5-17）．

　　【新たな有望成長市場の創出】
　　　（1）第4次産業革命（IoT・ビッグデータ・人工知能）
　　　（2）世界最先端の健康立国へ
　　　（3）環境・エネルギー制約の克服と投資拡大
　　　（4）スポーツの成長産業化
　　　（5）既存住宅流通・リフォーム市場の活性化

　【ローカルアベノミクスの深化】
　　（6）サービス産業の生産性向上
　　（7）中堅・中小企業・小規模事業者の革新
　　（8）攻めの農林水産業の展開と輸出力の強化
　　（9）観光立国
　【国内消費マインドの喚起】
　　（10）官民連携による消費マインドの喚起策

　このように，新たな有望成長市場の創出の1つに（4）スポーツの成長産業化，ローカルアベノミクスの深化の1つに（9）観光立国推進がかかげられている．ここでは，2020年東京オリンピック・パラリンピック競技大会の開催を契機とし，2020年以降も展望したスポーツ産業の活性化を図り，スポーツ産業を日本の基幹産業へ成長させるとの記述もあり（内閣官房成長戦略本部 2016: 106），「観光立国」とともに，日本の成長戦略に「スポーツの成長産業化」が明確化されたことを意味するといえよう．

　そして，2018（平成30）年の『まち・ひと・しごと創生総合戦略（2018改訂版）』で，「政策パッケージ」の1つである「地方にしごとをつくり，安心して働けるようにする」項目の「総合的な支援体制の改善，観光業を強化する地域における連携体制の構築」（内閣府地方創生推進事務局 2018: 48-49）に，「（前略）スポーツによる地域活性化の推進主体である『地域スポーツコミッション』等が行う地域の独自性の高いスポーツツーリズムの開発，イベントの開催，大会・合宿の誘致などの活動の一層の促進，スタジアム・アリーナなどのスポーツ施設の魅力・収益性の向上に向けた指針の策定等を通じたスポーツに関する産業振興などにより，スポーツを核とした地域活性化を進め，スポーツを通じたGDPの拡大を目指す」と記述されており，具体的に推進されている方向が示されている．

2）ビジネスとしてのスポーツツーリズムの展開

　前述のようにスポーツツーリズムは，「スポーツ・観光・文化との融合」による「新たで豊かな旅行スタイルの創造」であり，社会的効果，経済効果など，さまざまな地域課題のソリューションとして有用である．スポーツツーリズムの地域の推進役は地域スポーツコミッションであるが，地域の実情に鑑み推進

する上で，住民，地元スポーツ団体，自治体担当部署など関係者の理解や協力は不可欠になるため，前述の設立要件にあるように，地域スポーツコミッションの構成員や運営方法について特段に留意する必要がある．

ただ，スポーツツーリズムをビジネスとして捉えた場合，ツーリズム産業は裾野が広く，さまざまな産業が複合的に組み合わさり成立するため，関係する産業，企業は多い．ここでは本書の趣旨に鑑みて，旅行業を中心にビジネスとしてのスポーツツーリズムの展開を概観する．

スポーツを目的とした旅行者の観光行動に対して旅行業のアプローチイメージは図5-2のようになる．

旅行会社は，旅行者の利便性を考慮し，ワンストップで一連の観光行動の手配を受託することを試みている．[6]そのために，「観るスポーツ」，「するスポーツ」，「支えるスポーツ」の視点から，「日常」において旅行者に情報発信し，注目させ，関心を持たせることを目的に情報発信からスタートし，「旅マエ」，「旅ナカ」，「旅アト」のそれぞれの場面のタッチポイントで，[7]旅行者にも有益になり，ビ

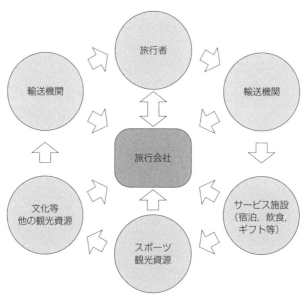

**図5-2　スポーツを目的とした旅行者の観光行動に対して
の旅行業のアプローチイメージ**

出所：筆者作成．

ジネスチャンスも最大化になるよう情報発信を常にインタラクティブにおこなう必要がある．

　旅行者に観光行動を引き起こさせる動機であるスポーツ観光資源については，「観る」，「する」，「支える」の３つの視点で厳密に類型化することは，かなり複雑で困難が伴う．

　例えば，東京マラソンひとつを例にあげても，「するスポーツ」の視点から参加を目的とする場合と「観るスポーツ」の視点から観戦を目的とする場合に類型化できる．また，旅行者の志向に目を向けると，レクリエーション志向あるいは健康志向があり，「するスポーツ」としてハイキング，サイクリング，ウォーキング，スキーなど，例示すれば枚挙にいとまがない．ただ，ここでは旅行業のスポーツツーリズムのビジネスの展開を概観するため，参考までにスポーツイベントを類型化する（表5-1）．

　旅行会社の取り組んでいるビジネス事例を紹介すると，「観るスポーツ」の旅行商品の企画，販売に関して，オリンピックなどのメガスポーツイベント，プロ野球，大相撲などのスポーツ観戦ツアー商品，スタジアム・アリーナ見学，[8] スポーツ遺産の博物館見学，「するスポーツ」の旅行商品の企画，販売に関しては，ゴルフ，スキー＆スノボ，ハイキング，サイクリング，などがあげられる．[9] 特にマラソン大会などの競技志向の旅行者には，大会参加受付，交通，宿泊，現地でのさまざまな体験プランの手配などをワンストップで行っている．

　また，マーケットとしては国内のみならず，海外を含めたものになる．これらの商品より旅行者の経験価値を創造し，域内の経済の循環，域外の外貨獲得など地域振興に繋がる効果が考えられる．

表5-1　スポーツ観光資源のイベントの類型化のイメージ

		するスポーツ	観るスポーツ
大会規模	国際レベル	ホノルルマラソンなど	オリンピック，世界陸上ワールドカップ
	全国レベル	東京マラソン，大阪マラソン，国民体躯大会など	大相撲本場所，高校野球プロ野球，Jリーグなど
	地方・地域レベル	地域マラソン大会，スポーツ大会など	大相撲地方巡業，高校野球地方大会など

出所：高橋義雄ほか（2015: 20）を基に筆者が加筆修正．

　最後に「支えるスポーツ」の視点から，オリンピックなどのメガスポーツイベントでは参加選手や競技関係者，スポンサー関係者，メディア関係者などの手配等も行っている．そして，インタラクティブな情報発信について，JTBでは専用のサイトを開設し[10]，スポーツを推進するサービス提供を通じて，主催者・関係者，観光客に向けたホスピタリティ，アクティビティサービスの提供を推進している．

　つまり，参加者や観戦者だけではなく，スポーツイベント主催者・関係者に対して，スポーツイベント企画，プロモーション企画，大会運営業務など，一気通貫のサービスを提供している．具体的には事務局サポート，Webエントリー代行，進行運営，多チャンネルでの大会告知などのサポート業務などがある．

　そして，欧米では潜在顧客や既存の顧客との関係性を強化する主流なツールとして活用されているスポーツホスピタリィ事業がある．日本においては，2017（平成29）年に専門会社としてSTH Japan（スポーツトラベル＆ホスピタリティジャパン）[11]が最初に設立された．ホームページ（STH Japan2023）には，「スポーツホスピタリティは，トップカテゴリーの観戦チケットと，本格的なお食事・お飲み物，ゲストの皆様の記憶に残るエンターテイメントを組み合わせたものです．ホスピタリティには，イベント前にお楽しみいただく上質なお食事やフリードリンク，会場ご到着時からご出発時まで専任スタッフによるおもてなし対応などが含まれております」と説明されている．料金は，かなり高額であるが，日本においてスポーツイベントの付加価値を高める新しい取り組みであり，今後，旅行消費を拡大しスポーツツーリズムを発展させるために多いに期待できよう．

2　BPOビジネス

1）BPOについて

　BPO（Business Process Outsourcing: ビジネス・プロセス・アウトソーシング）とは，自治体や企業，教育機関が，業務プロセスの一部，あるいはすべてを外部に委託することである．利用者側のメリットとしては，専門業者に委託することで経営資源を本業に集中し，コストの削減と業務品質向上の実現が期待できるとされている．

　多くの旅行系の会社は，交通機関や宿泊の代理販売や旅行商品造成，交流創

造事業に取り組んできた[12]．つまり旅行者と地域，企業と地域，行政と地域旅行者と企業などと共通の価値を創出することによる共通価値の創造である[13]．

　その基盤となるのは，従来から協力関係のある自治体，観光関連企業，一般企業などとの信頼である．そして，それらとの信頼を長年にわたり構築し，先進的に取り組んでいる代表的な会社がJTBである．その取り組み事例を示すこととする．

2）BPOビジネスの事例

（1）ふるさと納税（自治体からの受託業務）

　ふるさと納税は，2008（平成20）年4月の地方税法等の改正によって，5月からスタートした制度であり，目的は人口減少による税収の減少への対応や，地方と大都市の格差是正である．都道府県・市区町村に対してふるさと納税（寄附）をすると，ふるさと納税（寄附）額のうち2000円を超える部分について，一定の上限まで原則として所得税・個人住民税から全額が控除される．そして，多くのふるさと納税先団体より返礼品が納税者に送られるが，規定として返礼品割合は納税（寄附）の3割以下，地場産品とすることが定められている（総務省 2019）．

　JTBは，自治体に対し「自治体の魅力や取り組む事業を積極的に発信，ふるさと納税を地域活性化や地域創生につなげます」，返礼品事業者に対し「地域の魅力的な商品の開発，紹介することで販路拡大のお手伝いをいたします」，納税者に対し「ふるさと納税を通した地域貢献をわかりやすく伝え，お礼の品を通して地域と寄付者の皆さまをつなぎます」としている．地域の魅力を発掘し全国へ発信することで，ふるさと納税を通じた地域活性化や地域創生を念頭において，地域の事業者と納税者を結びつけ，新たな観光文化の創出や関係人口の増加を移住・定住への流れにつなげ，地方創生の一役を担い，ふるさと納税を通じての共通価値の創造を目指しているといえよう[14]（JTBふるさと開発事業部 2022）．

　JTBの具体的なふるさと納税の業務受託内容は，返礼品の開発，発送・精算管理，問い合わせ受付の代行など，ふるさと納税に関わる一連の枠組みをワンストップで実施するものである[15]．

　具体的な返礼品は，旅行会社らしく「ふるさと納税旅行クーポン」をはじめとして，従来からの関係や信頼のある企業，団体から提供されている地域の名

産品や民芸品，工芸品などで構成されている．

　また，企業版ふるさと納税は，2016（平成28）年に創設され，国が認定した地域再生計画に位置づけられる地方公共団体の地方創生プロジェクトに対して企業が寄附を行った場合に，法人関係税から税額控除する仕組みである（内閣府地方創生推進事務局2022）．

　企業版ふるさと納税に対してもJTBは取り組んでいるが，概要については紙幅の関係で別稿にゆずることとする．

（2）その他の国・自治体からの受託業務

　JTBは，過去よりの関係性と信頼性を基に，国や自治体から調査，コンサルティング，イベント，プロモーション，テストマーケティング，特産品開発，観光インフラ事業などを受託してきた．

　昨今では，新型コロナウイルス（COVID-19）感染症拡大を契機に，新型コロナ感染症対策業務（新型コロナワクチン接種運営事務局業務など），出産子育て支援関連業務など新たな受託業務，経済対策業務（プレミアム付商品券業務など）の受託拡大がみられる．これらの業務は，MICE専門業者としてのノウハウを生かし適応させているといえる．

　JTB法人サービス（2022）で確認すると，「新型コロナウイルスの緊急経済対策として，事業者向けの休業要請協力金，家賃支援金また住民向けの特別定額給付金の事務局業務は，申請書の受付業務やコールセンターの問い合わせ対応，振込作業等多岐に渡り，膨大な作業が必要となります．JTBでは自治体様の負担を軽減する行政事務局サポートサービスの仕組みを構築して提供しています」とされており，典型的なBPOビジネスであることがわかる．

　ここでは，2019年度の消費増税に伴い実施された全国各地の自治体のプレミアム付商品券事業の事例が掲載されている．自治体が一括してアウトソースできる民間企業を探していた背景として，商品券の事務局業務が，引換業務やコールセンターの問い合わせ対応，振込作業等多岐に渡り，膨大な作業が必要となるためとしている（図5-3）．2019年度の取扱実績は113自治体であるという．

　以上のことから，発注組織は前述した専門業者に委託することで経営資源を本業に集中し，コストの削減と業務品質向上の実現ということに対応しているといえよう．

　本章では，旅行会社を中心に地域課題・社会課題解決に向けた観光ビジネス

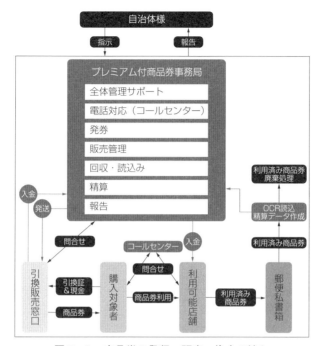

図 5 - 3 商品券の発行〜販売〜換金の流れ

出所：JTB法人サービス（2022）.

　の一部をみてきた．近年，われわれを取り巻く環境は急速に変化しており，観光ビジネスもその時代のニーズに呼応し変化している．コロナ感染拡大により人流が止まり，観光ビジネスは大きな打撃を受け，脆弱さが露呈したのは周知の事実である一方，日本の再興戦略の上で観光の負う役割は大きい．

　今後も，これまで以上に，さまざま地域課題・社会課題解決に向け，観光のリソースを活かした取り組みが期待されよう．

注
1 ）2003年の国連総会で観光分野における国連の専門機関として承認され，2005年に略称はWTOからUNWTOに変更された．

2 ）Meeting（ミーティング），Incentive Travel（インセンティブトラベル），Convention（コンベンション），Exhibition/Event（エキシビション/イベント）の頭

文字.

3）　ニューツーリズムについては，厳密な定義づけは出来ないが，従来の物見遊山的な観光旅行に対して，テーマ性が強く，体験型・交流型の要素を取り入れた新しい形態の旅行を指す．テーマとしては産業観光，エコツーリズム，グリーン・ツーリズム，ヘルスツーリズム，ロングステイ等があげられ旅行商品化の際に地域の特性を活かしやすいことから，地域活性化に繋がるものと期待されている（観光庁 2010b）.

4）　設立要件の［組織要件］として，①《一体組織要件》地方公共団体,スポーツ団体（体協，総合型等），民間企業（観光協会，商工団体，大学，観光産業，スポーツ産業等）などが一体として活動を行っていること，②《常設組織要件》常設の組織であり，時限の組織でないこと，［活動要件］として，③《対域外活動要件》スポーツツーリズムの推進やスポーツ合宿・キャンプの誘致など域外交流人口の拡大に向けたスポーツと地域資源を掛け合せたまちづくり・地域活性化のための活動を主要な活動の1つとしていること，④《広範通年活動要件》単発の特定の大会・イベントの開催およびその付帯事業に特化せず，スポーツによる地域活性化に向けた幅広い活動を年間を通じて行っていること，の4つ要件があり,2021年10月現在178組織が設立されている（スポーツ庁 2023）.

5）　新型コロナ感染症拡大の影響で2021年に開催が延期された.

6）　輸送機関，宿泊施設，スポーツイベントの場合の入場券，参加申請，スポーツ以外の観光資源の入場券，目的地でのレンタカーやバスなどの二次交通，外国人対応の場合は通訳案内士など，多種多様な手配が生じる可能性がある．そのため基本的な旅行商品（交通機関や宿泊施設など）を造成し，その他の手配を受託するため旅行者のニーズ，ウォンツを満たすためコンサルティング的な役割を果たす必要がある.

7）　「旅マエ」，「旅ナカ」，「旅アト」については第1章参照.

8）　スポーツ観戦の場となる競技場や体育館等について，観客にとって何度も来訪したくなるような魅力的で収益性を有する施設（内閣官房 成長戦略本部 2016: 106）で従来からのコストセンターからプロフィットセンターへ変革させ地域経済循環システムの中心になるように推進されている．例えば　2022年1月に完成したプロ野球・北海道日本ハムファイターズの新球場「エスコンフィールド北海道」（北海道北広島市）などがある.

9）　スポーツツーリズムの商品の企画，販売専門会社としてJTBガイアレックがある〈https://www.jtbgaiarec.co.jp/company.html〉2023年1月8日アクセス.

10）　JTBスポーツステーションポータルサイト参照〈https://jtbsports.jp/news/news-list.php?page=284〉2023年1月8日アクセス.

11）　英国のスポーツトラベル＆ホスピタリティグループ（STHグループ）と株式会社JTBの合弁会社として2017年に設立.

12）　第1章参照.

13）　共通価値の概念は企業が事業を営む地域社会の経済条件や社会状況を改善しながら

自ら競争力を高める方針と実行（ポーター，クラマー，マーク 2011: 11）．

14）「関係人口」とは，移住した「定住人口」でもなく，観光に来た「交流人口」でもない，地域と多様に関わる人々を指す言葉（総務省地域力創造グループ2022）．

15）　JTBはポータルサイト「ふるぽ」を運営している〈https://furu-po.com/〉2022年12月21日アクセス．

16）　JTBポータルサイト「ふるさとコネクト」参照〈https://furu-con.jp/〉2022年12月21日アクセス．

17）　JTBはMICE事業に重点を置き，さまざまな取り組みをおこない，ノウハウを醸成してきた．具体的には各種国内企業の会議，企業の国際会議，国民体育大会（国体），オリンピックのトップスポンサーのホスピタリティプログラムなどの設営，運営，事務局業務などである．

参考文献

UNWTO（2022）"PRODUCT DEVELOPMENT"〈https://www.unwto.org/tourism-development-products〉31 Dec 2022.

――――（2023）"SPORTS TOURISM"〈https://www.unwto.org/sport-tourism〉1 Jan 2023.

観光庁（2010a）「観光立国の推進に向けた取り組み」〈https://www.mlit.go.jp/common/000129132.pdf〉2022年12月31日アクセス．

――――（2010b）「ニューツーリズムの概念」〈https://www.mlit.go.jp/kankocho/shisaku/sangyou/new_tourism.html〉更新日2010年7月1日，2023年1月5日アクセス．

――――（2012）「観光立国推進基本計画」〈https://www.mlit.go.jp/common/000210219.pdf〉2022年12月31日アクセス．

コトラー，フリップほか（2022）『コトラーのマーケティング5.0――デジタル・テクノロジー時代の革新戦略――』恩藏直人ほか訳，朝日新聞出版．

JTB（2022）「JTBグループエッセンシャルブック2022」〈https://www.jtbcorp.jp/jp/group_profile/〉2022年12月21日アクセス．

JTBふるさと開発事業部（2022）「あなたの知らない日本の魅力　JTBのふるさと納税で」〈https://www.jtb.co.jp/stores/j6909-0/furusato/info/〉2022年12月21日アクセス．

JTB法人サービス（2022）「アウトソーシングで負担軽減～「JTBの行政事務局サポートサービス」～」〈https://www.jtbbwt.com/government/case-study/solution/area-support/detail/id=1314〉2022年12月21日アクセス．

スポーツ庁（2017）「第2期スポーツ基本計画」〈https://www.mext.go.jp/sports/content/1383656_002.pdf〉2023年1月2日アクセス．

――――（2018）「スポーツ庁，文化庁及び観光庁の包括連携協定」〈https://www.mext.go.jp/sports/b_menu/sports/mcatetop09/list/detail/1372563.htm〉2023年1月2

日アクセス.

──────（2022）「第 3 期スポーツ基本計画」〈https://www.mext.go.jp/sports/content/000021299_20220316_3.pdf〉2022年12月31日アクセス.

──────（2023）「【担い手】「地域スポーツコミッション」の設立・活動の支援（スポーツツーリズム関連）」〈https://www.mext.go.jp/sports/b_menu/sports/mcatetop09/list/detail/1372561.htm〉2023年 1 月 5 日アクセス.

スポーツツーリズム推進連絡会議（2011）「スポーツツーリズム推進基本方針～スポーツで旅を楽しむ国・ニッポン～」観光庁〈https://www.mlit.go.jp/common/000160526.pdf〉2022年12月31日アクセス.

STH Japan〔スポーツトラベル＆ホスピタリティジャパン〕（2023）「スポーツホスピタリティとは」〈https://www.sthjapan.com/about-us/〉2023年 1 月 8 日アクセス.

総務省（2019）「ふるさと納税に係る指定制度について」〈https://www.soumu.go.jp/main_sosiki/jichi_zeisei/czaisei/czaisei_seido/furusato/topics/〉更新日2019年 4 月 1 日,2022年12月21日アクセス.

総務省地域力創造グループ（2022）「関係人口とは」〈https://www.soumu.go.jp/kankeijinkou/about/index.html〉2023年 1 月31日アクセス.

高橋義雄ほか著,スポーツツーリズム推進機構編（2015）『スポーツツーリズムハンドブック』学芸出版社.

内閣官房 成長戦略本部（2016）「日本再興戦略2016──第 4 次産業革命に向けて──」〈https://www.cas.go.jp/jp/seisaku/seicho/pdf/zentaihombun_160602.pdf〉2022年12月31日アクセス.

内閣府 地方創生推進事務局（2018）「まち・ひと・しごと創生総合戦略（2018改訂版）」〈https://www.chisou.go.jp/sousei/info/pdf/h30-12-21-sougousenryaku2018hontai.pdf〉2022年12月21日アクセス.

──────（2022）「企業版ふるさと納税の概要」「企業版ふるさと納税リーフレット」〈https://www.chisou.go.jp/tiiki/tiikisaisei/portal/pdf/R3panph1.pdf〉2022年12月21日）アクセス.

日本スポーツツーリズム推進機構（2021）「スポーツツーリズムガイドブック」〈https://sporttourism.or.jp/pdf/jsta_sporttourism-guidebook_202111_web.pdf〉2023年 1 月 6 日アクセス.

──────（2022）「スポーツツーリズムについて」〈https://sporttourism.or.jp/sporttourism.html〉2022年12月31日アクセス.

文部科学省（2011）「スポーツ基本法」〈https://www.mext.go.jp/a_menu/sports/kihonhou/attach/1307658.htm〉2023年 1 月 2 日アクセス.

──────（2012）「スポーツ基本計画」〈https://www.mext.go.jp/component/a_menu/sports/detail/__icsFiles/afieldfile/2012/04/02/1319359_3_1.pdf〉2023年 1 月 2 日アクセス.

ポーター，マイケル・E., ポーター，マーク・R. クラマー（2011）「共通価値の戦略（編集
　　部邦訳版）」『ハーバード・ビジネス・レビュー』2011年 6 月号，ダイヤモンド社.

第 *6* 章

ワーケーションとMICEが描く旅行会社のビジネスモデル
──旅行会社による新たな観光ビジネス Ⅱ──

　本章では，国内外での新しい交流人口を創るワーケーションと，国のインバウンド戦略にも大きくかかわるMICEについて解説する．ワーケーションは，コロナ禍で推進されたテレワークを，旅先など職場や自宅とは異なる場所で実施することで，新しい働き方として注目されており，旅行者にとっては長期間の旅行機会や現地交流の創出，旅行会社やツーリズム産業にとっては旅行需要の平準化に繋がる新しい取り組みである．MICEの推進は，国が2023年に閣議決定した観光立国推進基本計画のインバウンド戦略の柱の1つになっている．MICEを日本国内で開催することが，国内外の参加者により経済効果を生むだけなく，MICEに参加する旅行者にとってもイノベーション創出に貢献するなど大きな期待をされている．

1　ワーケーション

1）ワーケーションとは
　ワーケーションとは，ワーク（Work）とバケーション（Vacation）を合わせた造語であり，テレワーク等を活用し，普段の職場や自宅とは異なる場所で仕事をしつつ，自分の時間も過ごすことができる働き方のことで，余暇主体と仕事主体の2つのパターンがある．似た概念として，ブレジャー（ビジネス（Business）とレジャー（Leisure）を組み合わせた造語で，出張等の機会を活用し，出張先等で滞在を延長するなどして余暇を楽しむこと）（観光庁2021）があるが，本節では，前者のワーケーションを例にあげてツーリズム産業とのかかわりを紹介する．

2）ワーケーションの概念と広がった背景
　アメリカでは1989年のサンフランシスコ地震，1994年のノースリッジ地震で

都市部が壊滅的な打撃を受け，こういった災害時のリスクを分散させるために
テレワークを活用することになった．また，ワシントン D.C. など一部の大都市
の通勤混雑緩和のためにもテレワークを積極的に推進した．テレワークは，テ
レ（Tele：離れる）とワーク（Work：仕事）を合わせた造語であり，情報通信技
術（ICT：Information and Communication Technology）を使って本拠地のオフィスか
ら離れた場所で仕事をすることである．当時のアメリカはもともとパソコン利
用率が高く，1990 年代半ばからインターネットの普及により，テレワークが普
及しやすい環境にあった．1995 年から 2010 年にかけてテレワークを推進する法
律が断続的に成立し，現在ではテレワーク普及率は 85％に達している．

　一方で，アメリカでは年次有給休暇を取得する権利が法律で保障されておら
ず，従業員の有給取得率の向上と長期休暇促進が課題であった．そこで，休暇
でオフィスを離れ，旅先のリゾート地などにいる時も，電話会議や報告書の作
成などテレワークを活用する働き方としてワーケーションが広がった．さらに
新型コロナウイルス感染症の拡大で，従来のようなオフィスに出社する「密」
な働き方を見直す動きが強まり，企業の経営戦略の 1 つとして，ワークライフ
バランスの実現やコスト削減のために，ワーケーションに注目が集まっている．

　日本のテレワークは，1984 年日本電気株式会社が本社オフィス（東京都港区三
田）と離れた場所（東京都武蔵野市吉祥寺）にサテライトオフィスを設置・運用し
たのが始まりといわれている．アメリカ同様，都市部での通勤混雑緩和や地価
高騰によるオフィス賃料の削減という課題解消として活用されようとした．し
かし，テレワークはバブル崩壊やリーマンショックなどの環境下で定着せず，
2017 年にようやく政府主導で「働き方改革実行計画」がまとめられロードマッ
プが示された．翌年の 2018 年になると，「働き方改革関連法案」が可決・成立
し 2019 年 4 月 1 日からは，「働き方改革関連法案」の一部が施行された．その
働き方改革の 1 つの柱は，柔軟な働き方の実現であるが，従業員がワークライ
フバランスを保つために，長時間労働の是正だけでなく，テレワークの推進な
ど，働き方の多様性を実現するものであった．その後，企業は，新型コロナウ
イルス（COVID-19）の蔓延に伴って政府が発した緊急事態宣言・外出自粛要請
により，テレワークの強化や在宅ワークの推進，出社をせずコワーキングスペー
スなどオフィス以外の場所で働くといった，柔軟な働き方のニーズへの対応が
求められた．コロナ禍の 2020 年 7 月の観光戦略実行推進会議で「新たな旅のス
タイル」としてワーケーション等を推進する方針が政府により示されたことで，

図6-1 ワーケーションとブレジャーの実施形態(イメージ)

出所:観光庁(2021a).

「ワーケーション」という言葉が広まった.

　ワーケーションは,休暇を主体とするか仕事を主体とするかによって,大きく「休暇型」と「業務型」の2つに分類できる.「休暇型」は,リゾート地や観光地などで余暇を楽しみながらテレワークを行うスタイルである.個人単位であくまで休暇を目的としているため,移動のための交通費や宿泊などにかかる費用はすべて個人の負担となる.この「休暇型」は企業が有給休暇の取得促進など,福利厚生を目的に行っている場合が多く,「福利厚生型」とも呼ばれている.一方「業務型」は仕事をメインとするもので,仕事の前後に休暇を楽しむといった形態である.「業務型」は,企業や受入地域のニーズに合わせてさらに「地域課題解決型」,「合宿型」,「サテライトオフィス型」の3つに分類される(図6-1).「地域課題解決型」は,地域関係者との交流を通じて地域課題の解決策を共に考える形態である.「合宿型」は,リゾート地など通常の業務環境とは異なるところでさまざまな会議,研修等を行うもので,チームビルディングや新しいアイデアの創出などに活用する形態である.「サテライトオフィス型」は企業が通常設置しているサテライトオフィスやコワーキングスペースといったシェアオフィスなどを利用してテレワークをする形態である.コロナ禍では在宅勤務が増えたため,仕事に集中できる環境を求めた従業員が利用する背景から,サテライトオフィスやシェアオフィス等が急増した.

　このように,ワーケーションは働く「時間」だけでなく,働く「場所」の意識改革も促した,柔軟な新しい働き方の1つである.

3）ワーケーションのメリットとデメリット

　企業，従業員，受け入れる地域（旅行先）の３つの視点からメリットをあげてみる．まずワーケーションを導入する企業側のメリットとして，有給休暇の取得がすすみ，仕事の質の向上，イノベーションの創出，企業への帰属意識向上，地域との関係性構築による地方創生への寄与などがあげられる．また，今後の日本は生産人口が低下してゆくため，こうした多様性のある働き方を提供している企業は人材の確保や流出の抑止にも繋がると考えられる．ワーケーションを利用する従業員のメリットとして，テレワークの促進に繋がり，働き方の選択肢が増える．旅行先でリフレッシュされることでモチベーションが高まり，新たな出会いやアイデアの創出，業務効率の向上が期待される．また長期休暇も取得しやすくなるだろう．受け入れる地域（旅行先）のメリットとして，従業員が訪れることによる交流人口や関係人口の創出・増加，それに伴い地域が活性化し，旅行先である地域観光事業者への集客が期待される．また，地域の遊休施設などの土地活用により地域創生のコアとなる可能性も秘めている．

　ワーケーションの効果検証を目的とした実証実験によると，① ワーケーションを複数回経験することで，仕事とプライベートの切り分けが促進される，② 情動的な組織コミットメント（所属意識）を向上させる，③ 実施中に仕事のパフォーマンスが参加前と比べて20％程度上がるだけでなく，終了後も５日間は効果が持続する，④ 心身のストレス反応の低減（参加前と比べて37％程度も減少）と持続に効果がある，⑤ 活動量（運動量）の増加に効果がある（歩数が参加前と比べて２倍程度増加）と評価され，ワーケーションは従業員の生産性と心身の健康の向上に寄与する結果が出ている（NTTデータ経営研究所 2020）．こうしたことから，企業，従業員，受け入れる地域（旅行先）の三者にとって良いものとしてワーケーションは推進されてきたが，実施している企業数が少なく調査企業の11.7％に留まっている（観光庁 2021）のはなぜだろうか．

　そのデメリットとしては，余暇で楽しみたい旅行先において仕事ができるのか，余暇と仕事の区別がつけられるのかという懸念がある．これは，一般的なテレワークにもいえることだが，仕事と余暇を含めたプライベートを区別できる工夫やバランス，労働時間に対する意識づけが必要であろう．また，企業も今までは働く場所や時間を従業員の裁量にゆだねていなかったため，就業規則を変える必要があり，組織運営上の人事評価がしにくい側面がある．せっかくワーケーションの制度を導入しても，上司の目を気にしてワーケーションを積

極的に利用できない従業員がいるかもしれない．また，労働災害・通勤災害の適用範囲をどうするのか，交通費や宿泊費用の負担はどうするのかなど，就業規則へ何をどこまで反映させるのかは，企業に委ねられているので制度導入に躊躇している場合があり，制度導入が増えていない原因と考えられる．

4）ワーケーションとツーリズム産業のかかわり

ツーリズム産業は，航空や鉄道・バス・船舶などの運輸業，旅館，ホテルなどの宿泊業，テーマパークなどの観光施設，レストランや土産物店，MICEにかかわるイベント・コンベンション業，現地ガイド，旅行会社などツーリズムに関連する産業のことである．ワーケーションは，余暇を過ごす地域（旅行先）に行って，その場所で数日間仕事をし，就業時間外に周辺観光することで大きな金額を消費することから，ツーリズム産業へのインパクトが大きい．特に今後日本の人口減少を見据え交流人口や関係人口を増やしたい自治体が，ワーケーションを希望する企業に向けて公共施設にテレワーク施設（通信環境を備えたワーキングスペースなど）を設置している．例えば，和歌山県ではワーケーションを「価値創造ツール」と考え，訪れた人々に対して，非日常での活動を通したイノベーション創出の機会を提供できるように「WAKAYAMA WORKATION PROJECT（WWP）」と称して取り組みを進めている．これは，企業向けにワークプレイス，宿泊サービス，アクティビティなど現地で受けられるサービスを提供する事業者を「Wakayama Workation Networks」として募集し，訪れた人々に紹介する仕組みづくりである．こうした自治体主体でワーケーションを推進する地域が複数あり，2019年にワーケーション自治体協議会が設立され現在では215（1道25県189市町村）の自治体が参加している（2023年4月現在）．また，2023年には官民が連携してテレワーク・ワーケーションの一層の普及・定着を図ることを目的に「テレワーク・ワーケーション官民推進協議会」が設立された．同協議会には，観光庁と総務省，日本商工会議所など経済団体，地方自治体，企業，個人から139機関が参画している．こうした動きの中で，各自治体やDMOが主体となって，あえてオフ期である冬にワーケーションとスノーシュー体験や古民家滞在を組み合わせるなど工夫がみられるようになった．

また，新型コロナウイルスの影響を大きく受けた旅館，ホテルといった宿泊業も同様にワーケーションが可能な施設を館内に設置することで同業他社との

差別化を図る動きも出てきた．ワーケーションは滞在期間が比較的長く，平日の宿泊も見込めることから自社のホームページでオリジナルプランとして販売する場合や，旅行会社による募集型企画旅行として交通機関とセットで販売している．さらにWorkation PortalやSTAY JAPANといったワーケーションに特化した宿泊施設紹介予約サイトも登場しており，この予約サイトは，ワーケーション専用宿泊プランはもちろん，長期滞在割引を用意している施設を多く掲載している．つまり，長く滞在することや現地との交流拡大による売上向上が期待され，平日も含めた滞在による週末との平準化などいいことづくめである．旅行会社としては，上述した企画旅行だけではなく，地元の自治体と連携し，交流人口を増やしていく取り組みが必要である．

　このように，ツーリズム産業に大きなプラスの影響を及ぼすワーケーションは，新しい働き方の浸透とともに官民で協力したうえで，旅行会社としても普及促進を進めるべきであろう．

2　MICE

1）MICEとは

　MICE（マイス）とはMeeting（会議・研修・セミナー），Incentive tour（報奨・招待旅行），Convention またはConference（大会・学会・国際会議），Exhibition（展示会）またはEvent（イベント）の頭文字をとった造語で，企業，国際機関，団体などが主催するイベントのことで，特に欧米では，MICEそのものをビジネスミーティング，ビジネスイベント，ビジネストラベルと捉えている場合が多い．

　Meetingとは，主催者が企業や団体で，その所属員や関係者の間で交流や意識の共有を行うための会議・研修・セミナーである．具体的な例としては，企業内戦略会議，代理店会議，企業内研修，テクニカルセミナー，集合教育などがあげられる．Incentive tourとは，主催者が企業や団体で，高い業績をあげたその所属員や関係者・取引先を対象に，その労に報いたり，仕事へのモチベーションを高めたり，周年事業として実施する旅行である．その場合，表彰式やチームビルディングを兼ねて実施する場合が多い．ConventionまたはConferenceは，政府や国際機関，学会，業界団体などが主催する比較的大規模な会議であり，世界規模で実施される場合もしばしばである．サミットや

G7，APECなどの国際首脳会議，閣僚会議や学術会議，講演会などがあげられる．Exhibitionは，主催者が企業や団体で，産業振興や貿易促進のために商品の展示や商談を行う展示会や見本市をさす場合が多く，参加者が関係者向けだけの場合と，一般消費者が入場できる場合がある．Eventは，国際機関や企業，団体が主催し，万国博覧会，スポーツ大会，音楽祭といった，主に一般消費者が観客として参加する形態が多い．

2）世界におけるMICEとそれが広がった背景

ヨーロッパでのMICEの歴史は古く，1150年にドイツのフランクフルトで見本市が開催された記録があるという．1800年代からは，戦争終結時や産業革命での技術革命の披露のために，国際会議，国際博覧会が盛んに行われ，ヨーロッパ諸国が地続きということもあり人々の交流を活発化させた．

ドイツでの例を挙げると，フランクフルトには，1907年メッセフランクフルトが設立され36.7万㎡の国際展示場を民間が運営している．東京ビックサイト（9.7万㎡）の約4倍の大きさの規模感で，ドイツ国際モーターショーなど数多くの見本市が開催されてきた．ベルリンメッセでは「ITBベルリン」を主催しており，日本を含めた世界の国と地域から観光・MICEに特化したバイヤーと出展者が商談している．「ITBベルリン2023」の展示会場は，161の国と地域から約5500社が出展したが，セグメント別では「アドベンチャー」「ラグジュアリー」「LGBT＋」「医療ツーリズム」「トラベルテクノロジー」「ツアー＆アクティビティ」といった幅広いテーマに沿って開催された．日本からも日本政府観光局が運営したパビリオンで，地方自治体や観光関連事業者が出展し，新型コロナウイルスの影響が完全に払しょくされていない中での実施だったが，約9万人が来場した．

また，ヨーロッパでは，国際会議や見本市などを開催する際，コンベンションセンターやホテルのバンケットホール（宴会場）だけではなく，ユニークベニューと呼ばれる歴史的建造物などのスペースを活用することで特別感を演出し，その都市ならではの付加価値を提供することで，MICEを招致している．

アメリカでは，1929年にアトランティックシティに見本市専用の施設ができて以来，国土が広いために店舗販売よりも効率的にマーケティングができるという理由で，ニューヨーク，シカゴ，デトロイトなど大都市で次々と開催された．また，観光要素と結びついて発展していったオーランドやラスベガス，サ

ンフランシスコ，ホノルルといった都市でも開催が多い．例えば，オーランドでは，ディズニーワールド，ユニバーサルスタジオ，シーワールドといった複数のエンターテインメント施設やゴルフコースが集積されたところへ，オレンジカウンティコンベンションセンター（19.7万㎡）やホテルに併設された大きいバンケットホールを会場として組み合わせすることによって，MICEを誘致することに成功した．ラスベガスは，1960年代にはカジノで名をはせていたが，1980年代後半からホテル内にサーカス劇場やジェットコースター，テーマパーク，噴水ショーなどを設置した巨大テーマホテルが複数建設されイメージが改善された．客室数200室以上のホテルの付帯施設としてしかカジノが認可されないことで，エンターテインメントの要素を併せ持った巨大ホテルの進出に拍車がかかったといわれている．ラスベガスもオーランドと同様，ラスベガスコンベンションセンター（18万㎡），サンズコンベンションセンター（21万㎡）といった巨大なインフラと周辺のゴルフコース，グランドキャニオンといった有名観光地があるために，現在も多くのMICEが開催されている．

　シンガポールは，1965年にマレーシアから独立したが，面積が東京23区程度の島国だったために，国家主導による資本や技術の不足を補う外資の誘致が産業振興を進める上で大きな役割を果たした．その1つが観光客の増加による外貨獲得であった．そのため，建国前年である1964年にすでに財務省管轄下にシンガポール政府観光振興局（Singapore Tourist Promotion Board（以下，STPB））を設置し，観光産業そのものの発展に貢献させた．また政府主導による外資系の大型一流ホテルが誘致・建設され，1972年のシンガポール航空設立による東南アジアを中心に世界各地と航路を開設したことで観光客の増加に拍車をかけた．また，シンガポールでは，低い法人税率と地域統括拠点に対する優遇税制が整備されているため，多くの多国籍企業が進出しており，展示会や見本市が開催されるようになった．STPBは，その消費額が高いことに注目して，MICEを推進するために1974年にSTPB内にコンベンションビューローを設置した．こうしたことからMICEをいう略語は，STPBが最初に使いはじめたという説もある．1978年には，ワールドトレードセンター併設の展示会場が，1981年にはチャンギ空港が開港するなどインフラの整備が進んだことでMICEの開催がさらに増加した．1990年代のアジア通貨危機や2000年代の重症急性呼吸器症候群（SARS）の流行で一時的にMICEの件数も落ち込んだが，2010年にカジノを含むIR（統合型リゾート[1]）がマリーナ地区とセントーサ地区に開業し，

シンガポールでMICEを開催する魅力が増えることになった.

3）日本におけるMICE

　日本においては，1867年パリで開催された万国博覧会に徳川幕府として出展した際に，初めて世界規模のMICEに遭遇したと思われる．その後，1877年東京で明治政府による日本国内物産の開発・奨励をすすめた内国勧業博覧会が102日間開催され，入場者が45万人と好評を博した．2度の世界大戦を経て，1964年のオリンピック東京大会を契機として，東海道新幹線，首都高速道路，地下鉄などの交通インフラの開業や整備がすすみ，大型ホテルの建設も推進された．1965年に現在の国際観光振興機構（JNTO）が設置，1966年に本格的な国際会議施設である京都国際会館がオープンし，ようやく外国人を含めた国際会議，見本市，展示会が次々と開催されるようになった．特に1970年に大阪で開催された万国博覧会は6か月の会期中に国内外から6500万人も来場者があり，その経済効果は関西以外に日本全国に及んだ．この万博を契機として，訪日するIncentive tour（報奨・招待旅行）が増え，取引先や販売代理店の日本企業の工場を見学した後，各地を観光して旅行するというスタイルが定着していった．1980年代後半からは，バブル期の好景気もあり，全国各地でMICE施設が数多く建設され開業していった．

　こうした施設が増えたとしても，MICEを開催するためには，国内だけではなく国際的な誘致競争が激化する中，海外競合国・都市との厳しい誘致競争に勝たなければならない．そこで政府は，1994年に「国際会議等の誘致の促進及び開催の円滑化に等による国際観光の振興に関する法律（通称コンベンション法）」を制定し，日本におけるMICE誘致競争に力を入れることにした．ようやく2002年に訪日外国人旅行者が500万人を超え，年間1000万人を目指すビジット・ジャパン・キャンペーンが2003年に始まり，シンガポールに遅れること数十年，本格的なMICE事業の推進が政府と民間が協力してようやく始まった．2008年には国土交通省内に観光庁が設置され，本格的に「観光」を日本の基幹産業へ育てようとする機運が高まってきた．人材面では，日本の国際会議件数の増加や日本国内における国際会議開催の意義に対する理解度の向上，並びに海外における日本のプレゼンス向上を目的として，観光庁と日本政府観光局（JNTO）が共同で，産業界や学術分野において国内外に対し発信力やネットワークを有する方を「MICEアンバサダー」として委嘱する「MICEアンバサダープログ

ラム」を2013年から実施している．さらにMICEができる実力ある都市を育成するため，2013年から2015年にかけて「グローバルMICE都市」として12都市を選定し，政府として支援を行い，各地域の関係者の連携を強化しMICEを推進している．

　2023年5月に観光庁から発表された「新時代のインバウンド拡大アクションプラン」では，①ビジネス目的での訪日外国人旅行消費額を2割増加（7200億円（2019年）⇒8600億円（2025年）），②国際会議の開催件数（教育・研究分野等で行われるものを含む）を2030年までにアジアNo.1の開催国として不動の地位を築き，世界5位以内を目指す，③展示会・見本市への外国人参加者数を2割増加（13万9000人（2019年）⇒16万7000人（2025年））とMICEに関する具体的な数値目標が掲げられた．

4）MICEを実施するメリット

　MICEは，多くの人が参加することにより人的ネットワークの構築がはかられ，ビジネス上や学問的な知見といった情報が一堂に集まる機会であり，これらを開催することで，大きな経済効果やイノベーションを生む可能性があるといわれている．経済効果については次項で述べるが，なぜイノベーションが生まれるのだろうか．

　イノベーションとは，新しい知・アイデアを生み出すことである．イノベーション理論を提唱している経済学者のジョセフ・シュンペーターは，「新しい知とは常に，「既存の知」と別の「既存の知」の「新しい組み合わせ」で生まれる」としている．しかし，人の認知能力には限界があるので，どうしても「いま認知できている目の前の知同士だけ」で組み合わせてしまう傾向がある．つまり，いつも知っている人同士だけで会って会議をしても，新しい知が生まれにくいということだ．したがって，新しい知やアイデアを生み出すために必要なことは，「いまの自分の認知の範囲外にある知を探して，自分の持っている知と新しく組み合わせること」である．MICEの開催によって，国内外や社内外の多くの知らない人と会って，密なコミュニケーションによる人的ネットワークを構築することや，知らない地域で新しい刺激を受け，経験を積むことで，イノベーションが生まれると筆者は考える．

表6-1　令和2年度MICE総消費額等調査事業報告書による国際MICEの定義

種別	本調査における国際MICEの基準
企業会議【M】	参加者数10名以上（海外からの外国人参加者含む），4時間以上の開催，外部の施設の利用
報奨・研修旅行【I】	参加者数10名以上，4時間以上の開催，外部の施設の利用・訪問，海外発日本着の催事
国際会議【C】	JNTO（日本政府観光局）の基準による国際会議を対象．JNTOによる国際会議の定義は，参加者総数50名以上，日本を含む3カ国以上が参加，1日以上開催期間の条件を満たした会議
展示会等【E】	日本展示会認証協議会（JECC）により国際展示会の認証（海外来場者数5%以上又は海外出展者数10%以上）を取得している展示会を対象．また，認証を取得していないものの同様の海外来場者・出展者数の基準を満たした展示会も対象

出所：観光庁（2021ｂ）．

5）日本における経済効果

　MICEが開催された場合，国内外から多くの参加者による宿泊・交通・飲食などの消費や，主催する団体や企業による企画運営・施設利用料・雇用促進などの消費により，開催地域に大きな経済効果を生み出す．さらに，MICE主催者や参加者が消費する額だけではなく，これらによって誘発される1次波及効果，さらに増加した雇用者所得が新たな消費を生み生産を誘発する2次波及効果もあることを考慮する必要があるが，この項では，観光庁が令和2年度に実施したMICE総消費額等調査事業に基づいた経済効果を考察する．このMICEの定義は**表6-1**を参照されたい．

　国際MICEの総消費額は，調査を始めた2016年から順調に伸びており，新型

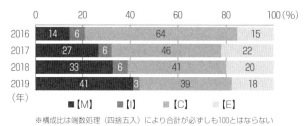

総消費額計	2016年比
約5,384.2億円	100%
約7,011.6億円	130%
約8,197.0億円	152%
約9,228.6億円	171%

※構成比は端数処理（四捨五入）により合計が必ずしも100とはならない

図6-2　2016年～2019年国際MICEによる総消費額と構成比

出所：観光庁（2021b）．

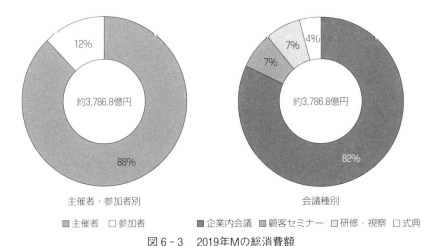

主催者・参加者別　　　　　　　　　　会議種別

■主催者　□参加者　　■企業内会議　■顧客セミナー　□研修・視察　□式典

図6-3　2019年Mの総消費額

出所：観光庁（2021b）．

コロナウイルスの影響を受ける前の2019年は，2016年と比べると約1.7倍で1兆円に迫る勢いがあった（図6-2）．

　内訳をみると，M（Meeting：会議・セミナー・研修，以下M）が急増し構成比も伸びている．Mの具体的な案件としては，主催者の企業が行う内定式，入社式，キックオフミーティング，周年行事，役員会議，海外投資家向け金融セミナーなどだが，2019年の総消費額としては，主催者の企業が費用を捻出している企業内会議が多いのがわかる（図6-3）．コロナ禍の2021年9月に実施した調査（帝国データバンク 2021）によると，企業内会議は主にオンライン会議で実施している企業が，ほぼ半数に迫る49.4％まで拡大していたが，2023年3月に実施した同じ調査（帝国データバンク 2023）では，主にオンライン会議で実施している企業が6.3％にまで減少し，対面での会議を実施している企業が61.8％まで回復している．つまり，会議を主催する企業側は，会議を対面で実施することによるメリットが大きく享受できると考えているのであろう．たしかに，オンライン会議では，話し手の熱意や参加者の表情や雰囲気が読み取りにくいことや，各人の通信環境に影響されるなどのデメリットがあり，今後もMは増加してゆくと想定される．

　I（Incentive tour：報奨・招待旅行，以下I）の構成比が少ないのは，海外からの訪日外国人参加者のみによる総消費額を算出しているためである．参加者は，

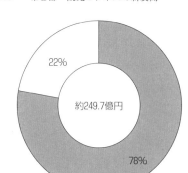
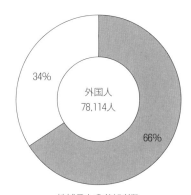

主催者・参加者別消費額　　　　　地域ごとの参加者数

■主催者　□参加者　　　　　■アジアから　□アジア以外の地域から

図6-4　2019年Iの総消費額

出所：観光庁（2021b）．

　アジアからの参加者が66％を占めており（図6-4），やはり近い国々からの参加者が多いことがうかがえる．

　JNTO（日本政府観光局）では，日本を訪れる報奨・招待旅行を表彰する「JAPAN Best Incentive Travel Awards」を実施しており，2020年度には（2019年度に実施された延べ100人泊以上の訪日旅行を条件）16か国・地域より83件の応募があった．大賞は，ドイツでの家具販売優秀者を対象とした日本の小売文化を学ぶツアーで，研修と観光の要素がうまくアレンジされていること，独創的なコンテンツが盛り込まれていることなどが評価されている．東京では有名ブランドのホスピタリティや商品陳列を学びや相撲観戦，寿司づくりをチームビルディングで行う研修が行われ，箱根での旅館宿泊体験，京都での人力車による竹林，天龍寺などへの訪問，沖縄でのプライベートビーチを貸し切ったBBQやクラフトビール醸造所での夕食など，18名が10日間（延べ180人泊）楽しんだそうだ．こうした新旧の日本文化をうまくアレンジし，日本を訪れる報奨・招待旅行を増やし総消費額を増やしてゆくべきであろう．

　C（Convention またはConference：大会・学会・国際会議，以下C）は，総消費額はほぼ横ばいだが（図6-5），他の構成項目が増加しているために，相対的に構成比が減っている．Cは，特に医学会系の開催が多く42％を占めており，参加者が会期中ホテルを連泊するため総消費額が多いのが特徴的である（図6-6）．

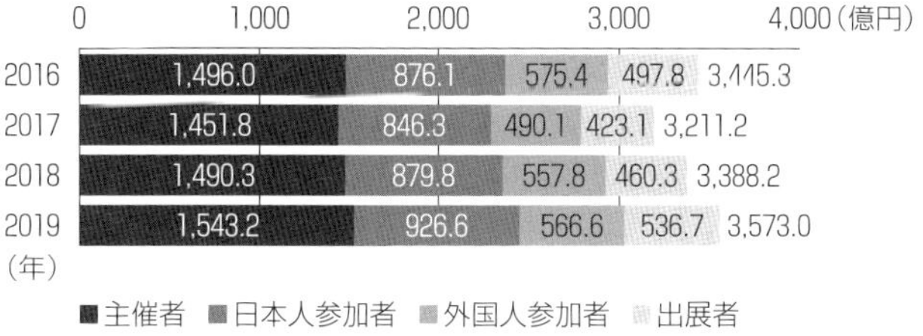

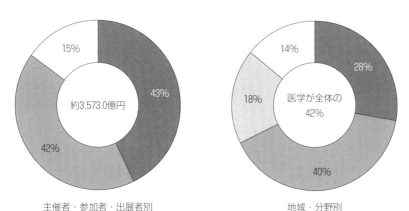

2016年比				
主催者	日本人参加者	外国人参加者	出展者	計
100%	100%	100%	100%	100%
97%	97%	85%	85%	93%
100%	100%	97%	92%	98%
103%	106%	98%	108%	104%

図６－５　2016年～2019年Cの総消費額

出所：観光庁（2021b）.

図６－６　2019年Cの総消費額

注：三大都市圏：本調査においては，首都圏（東京都，神奈川県，千葉県，埼玉県），名古屋圏（愛知県，岐阜県），大阪圏（大阪府，京都府，奈良県，兵庫県）と定義した．

出所：観光庁（2021b）.

2019年に日本で開催された国際リハビリテーション医学会は，2015年に開催地を決めるにあたってオーストラリア（シドニー）とインド（ニューデリー）と競合となった．このように，大規模な国際学会になると都市間競合となるケースが多い．このときは，日本のような超高齢社会対策としてのリハビリテーション医療や阪神淡路大震災からの復興・再生を掲げて神戸に決定し，結果約3000名が参加している．このように国際学会は，数年前から開催地に立候補をするなど入念な準備が必要なのである．

E（Exhibition：展示会，イベント，以下E）の総消費額は，2016年に比べると伸び

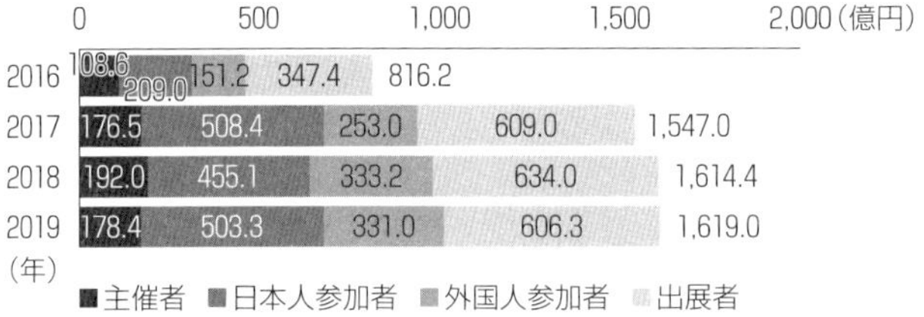

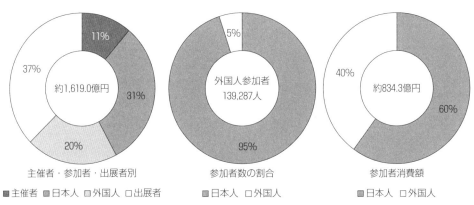

2016年比				
主催者	日本人参加者	外国人参加者	出展者	計
100%	100%	100%	100%	100%
163%	243%	167%	175%	190%
177%	218%	220%	182%	198%
164%	241%	219%	175%	198%

図６－７　2016年～2019年Eの総消費額

出所：観光庁（2021b）.

図６－８　2019年Eの総消費額

出所：観光庁（2021b）.

ているがここ３年は横ばいである（図６－７）．Eは，一般的に大規模な人数を集客するため大きなコンベンションホールを借りる費用，そのイベント会場の造作費用，イベントスタッフや警備にかかわる人件費や，一般消費者向けの来場PRなど販売促進が必要であったりと出展者の総消費額が多い（図６－８）．また，外国人参加者の総消費額が多いのも特徴的である．

６）スポーツ観戦イベントの外国人旅行者の消費動向

2019年は，ラグビーワールドカップ2019が日本で開催されたが，観戦者一人当たりの旅行支出は，38万5000円と試算され，観戦していない旅行者の15万9000円と比較して約2.4倍となった．内訳では，スポーツ観戦費のほか，宿泊費や飲食費，酒類の購入代において観戦していない人に比べて高い傾向が見ら

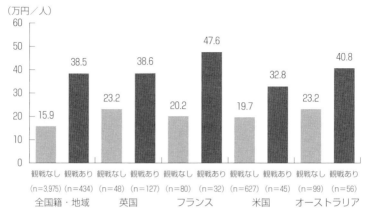

図6-9　ラグビーワールドカップ観戦有無別にみる訪日旅行1人1回当たり支出

注：nはサンプルサイズ．なお，WC観戦者のサンプルサイズが30以上の国籍・地域のみ掲載している．
出所：観光庁（2019）.

れた．このように，スポーツ観戦イベントでの外国人参加者の消費額が多くなることから，日本に限らず世界各国や地域・都市が開催に名乗りを上げているのである．

表6-2　2019年一人当たりの消費額の比較

2019年	M		I	E			国内旅行消費額
	日本人	外国人	日本人	日本人	外国人		日本人
主催者	182,438円		248,120円	8,881円[注]			
参加者	0円	141,641円	71,600円	18,031円	237,606円		37,355円
出展者				28,406円[注]			

2019年	C							
	3大都市医学		3大都市医学以外		その他都市医学		その他都市医学以外	
	日本人	外国人	日本人	外国人	日本人	外国人	日本人	外国人
主催者	67,014円		56,084円		152,422円		103,931円	
参加者	52,933円	344,151円	34,085円	294,806円	78,327円	251,469円	74,536円	159,237円
出展者	12,356円		53,780円		3,752円		7,802円	

注：主催者消費額及び出展者消費額は，日/m²当たりの単価を用い，面積に応じた消費額を算出した．
出所：観光庁（2020；2021b）.

7）国際MICEと一般観光の一人当たりの消費額の比較

　ここまでは，国際MICEにおける総消費額をみてきたが，この項では，一人当たりの国際MICE消費額と一人当たりの国内旅行消費額と比較をしたい．消費額の内訳項目が完全に一致しているわけではないが，傾向はつかめるであろう．

　2019年の国内旅行消費額は，宿泊を伴う旅行と日帰り旅行を含めて算出しているため37,355円となる．宿泊を伴った国内旅行消費額の一人当たりは55,054円となるが，一部の項目を除くと，いずれも国際MICEの一人当たりの消費額のほうが高い．さらに，日本人と外国人の消費額を比べるとMICEの項目にもばらつきがあるものの約2倍から約13倍まで大きくなっていることがわかる．つまり，国際MICEを開催し，少しでも多くの人が参加すると，一般の観光よりも効率的に消費額が向上する可能性がある．この経済効果の大きさがMICEを推進する理由である．

8）国際MICEと観光（ツーリズム）関連産業

　国際MICEは，準備期間が長く運営業務は広く，関わる業種も観光関連産業だけではなく，多岐にわたっている．総消費額の内訳としても，国際会議を行うコンベンションセンターやホテルのバンケットや宿泊代，飲食代やケータリングサービス，演出を行うエンターテインメント施設，会場とホテルを結ぶシャトルバスの運行，国内外から来る参加者の交通手配をする旅行会社，展示会・見本市に欠かせないブースなどのディスプレイ，カタログなどの印刷物，PR誌，同時通訳者や警備の人材派遣などがあげられる．また，国際MICE独特な業種としては，PCO（Professional Congress Organizer）と呼ばれる業種があり，主催者をコンサルティングする役割として補助し，会議の誘致，計画，開催決定，

表6-3　Mにおける旅行会社利用率

	2017年度調査		2018年度調査		2019年度調査		2020年度調査	
	観光庁旅行業取扱額対象企業	その他	観光庁旅行業取扱額対象企業	その他	観光庁旅行業取扱額対象企業	その他	観光庁旅行業取扱額対象企業	その他
企業内会議	32.0%	30.0%	30.0%	40.1%	48.9%	31.7%	31.0%	50.0%
顧客セミナー	20.0%	10.0%	19.2%	51.7%	58.0%	60.0%	52.5%	50.0%
研修・視察	31.7%	34.4%	24.4%	40.5%	55.0%	42.9%	46.4%	47.4%
式典	33.3%	22.5%	22.5%	20.0%	40.0%	17.6%	40.0%	60.0%

出所：観光庁（2021b）.

各種準備，会議の運営まで一連の業務を行っている．

　今回の調査では，観光庁旅行業取扱額対象企業の旅行会社の取扱の割合が示されており，日本で実施される国際MICEにおいては一定のシェアがあることがわかる．

9）日本のMICEの立ち位置と今後のポテンシャル

　UIA（Union of International Associations）による国際会議統計[3]によると，ベスト10には，アジアからシンガポール，韓国，日本の3か国がランクインしている（表6-4）．地域間競合の観点から，アジアに注目してみると，特に韓国の伸びが顕著で2010年には，日本よりも開催件数がかなり下回っていたのに2013年に追い越してからずっと，日本よりも開催件数を上回っている．シンガポールも同様に2010年時点では，日本のほうが開催件数では上回っていたにもかかわらず，この10年間はほぼ横ばいだったため，2019年時点では，486件も差が開いてしまっている（図6-10）．さらに，アジアの都市別で考察すると，国家＝都市であるシンガポールが，都市別開催件数でも多いのは理解できるが，韓国のソウルはすでに東京の開催件数を上回り，東京はタイのバンコクに肉薄されている（図6-11）．このことから，日本は国際MICEの開催地競争に遅れているといわざるを得ない．

表6-4　国・地域別の国際会議開催件数

国・地域名	2010年	2011年	2012年	2013年	2014年	2015年	2016年	2017年	2018年	2019年
シンガポール	725	919	952	994	850	736	888	877	1,238	1,205
韓国	464	469	563	635	636	891	997	1,297	890	1,113
ベルギー	597	533	597	505	851	737	953	810	857	1,094
アメリカ	936	744	658	799	858	929	702	575	616	750
日本	741	598	731	588	625	634	523	523	597	719
フランス	686	557	494	408	561	590	523	422	465	665
スペイン	572	386	449	505	513	480	423	440	456	531
イギリス	375	293	272	349	355	354	266	307	333	418
ドイツ	499	421	373	428	439	472	390	374	305	418
オーストリア	362	390	458	398	539	384	404	591	488	417

出所：UIA統計資料に基づきJNTOが作成したものを筆者が抜粋し作成．

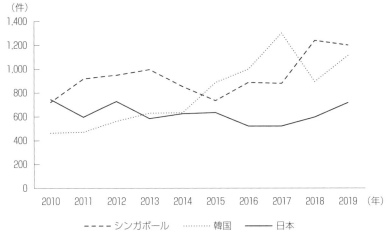

図 6-10 アジア 国別国際会議開催件数推移

出所：UIA統計資料に基づきJNTOが作成したものを筆者が抜粋し作成.

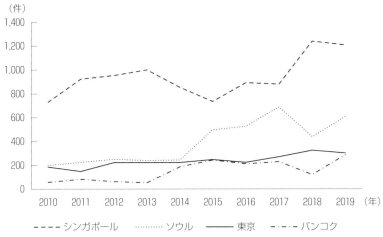

図 6-11 アジア 都市別国際会議開催件数推移

出所：UIA統計資料に基づきJNTOが作成したものを筆者が抜粋し作成.

　では，日本に国際会議を誘致するポテンシャルは何だろうか．2023年に発表された観光庁の「新時代のインバウンド拡大アクションプラン」によると，政府は明快に「国際会議・国際見本市等の開催・誘致やグローバル化，企業のグローバル会議の招致等に積極的に取り組むことにより，我が国の世界のビジネス拠点としての国際的な位置付けや世界への発信力プレゼンスの向上につなげつつ，日本を舞台としたビジネス交流の拡大を図る」としており，MICE開催地誘致の競争に勝つために国を挙げて応援してくれる体制が整ってきている．ほかのMICE開催地と対抗するために，ハコモノと呼ばれる大きいコンベンションセンターがすぐに建設できればいいが，今の環境下では，なかなか難しいであろう．

　そこで筆者は，すでにある日本の良いところをMICE開催地誘致に活用すべきであると考える．日本には，日本食をはじめとした「食文化」，素晴らしい四季がある「自然環境」，禅や茶道，書道，着物など地域に根差した伝統的な「歴史・文化」，世界でも有数な時刻の正確さを誇る鉄道や航空などの「交通インフラ」，ホスピタリティのベースである「親切・礼儀正しさ」や「治安の良さや清潔さ」といったことが，もともと外国人旅行者が魅力的に感じている．これらの項目は，MICE開催主催者が，いかに参加者に喜んでもらえるかを考えたときにマッチングできる要素だと考える．さらに，日本にはキラーコンテンツとして「世界遺産や伝統的な建物といったユニークベニュー」が各地に点在している．例えば，京都の二条城は，世界遺産である上に国宝や伝統文化財を有する元離宮であるが，その二条城の文化財としての素晴らしさや保存・継承を理解し，二条城の歴史的価値や格式を最大限に活用した「世界遺産・二条城MICEプラン」が実施されている．二の丸御殿台所での雅楽や琴の演奏，二の丸御殿台所前庭でのレセプションなどが可能で，その使用料は「世界遺産・二条城本格修理事業」の経費に充てることになっている．こうした日本で開催されたMICEならではの体験は「もう一度，訪れたい」「次回もここで開催してほしい」と思っていただけるのではないだろうか．旅行会社としてこうした地域の宝をしっかりと掘り起こし，その自治体を巻き込んでMICE開催地誘致をすすめてゆくことこそが必要とされている．

注
1）　IR：カジノのほかホテルや劇場，国際会議場や展示会場などのMICE施設，エンター

テインメント施設，ショッピングモールなどが集まった複合的な施設のこと．Integrated Resortの頭文字の略で，統合型リゾートとも呼ばれる．
２）　札幌市，仙台市，千葉県千葉市，東京都，横浜市，愛知県名古屋市，京都市，大阪府大阪市，神戸市，広島市，福岡市
３）　UIAの国際会議統計の選定基準（１）国際機関・国際団体（UIAに登録されている機関・団体）の本部が主催又は後援した会議 ① 参加者数50名以上 ② 参加国数 開催国を含む３か国以上 ③ 開催期間 １日以上 又は（２）国内団体もしくは国際団体支部等が主催した会議 ① 参加者数 300名以上（うち40％以上が主催国以外の参加者）② 参加国数 開催国を含む５か国以上 ③ 開催期間３日以上

参考文献

「アメリカは普及率85％」海外事例から学ぶリモートワーク実施のポイント〈https://hrnote.jp/contents/soshiki-remotework-kaigaizirei-20200729/〉2023年５月３日アクセス．

自治体国際化協会 シンガポール事務所（2018）「時代とともに変化するシンガポールの観光政策Clair Report No.472（Sep 3，2018）」．

日本ワーケーション協会 HP「実践例の紹介」〈https://workcation.or.jp/〉2023年５月３日アクセス．

入山章栄（2019）『世界標準の経営理論』ダイヤモンド社．

NTTデータ経営研究所（2020）ニュースリリース「ワーケーションは従業員の生産性と心身の健康の向上に寄与する」〈https://www.nttdata-strategy.com/newsrelease/200727.html〉2023年５月３日アクセス．

観光庁（2019）ニュースリリース「ラグビーワールドカップ2019日本大会の観戦有無別訪日外国人旅行者の消費傾向」〈https://www.mlit.go.jp/kankocho/news02_000402.html〉2023年５月３日アクセス．

─────（2020）ニュースリリース「旅行・観光消費動向調査 2019年年間値（確報）」〈https://www.mlit.go.jp/kankocho/content/001342441.pdf〉2023年７月29日アクセス．

─────（2021a）「新たな旅のスタイル　ワーケーション＆ブレジャー」〈https://www.mlit.go.jp/kankocho/workation-bleisure/〉2023年８月22日アクセス．

─────（2021ｂ）「令和２年度MICE総消費額等調査事業報告書」〈https://www.mlit.go.jp/kankocho/content/001399873.pdf〉2023年５月３日アクセス．

─────（2023）「新時代のインバウンド拡大アクションプラン」〈https://www.mlit.go.jp/kankocho/content/001612101.pdf〉2023年５月３日アクセス．

観光庁HP「訪日外国人旅行者の消費動向」〈https://www.mlit.go.jp/kankocho/content/001320917.pdf〉2023年７月30日アクセス．

─────「MICEの誘致・開催の推進政策」〈https://www.mlit.go.jp/kankocho/shisaku/

kokusai/mice.html〉2023年 7 月29日アクセス.

忍びの国・伊賀　山里の古民家でワーケーション＆郷土料理体験〈https://workation.pref.
　　mie.lg.jp/report/18〉2023年 5 月 5 日アクセス.

STAY JAPAN HP「ワーケーションに最適な宿泊施設」〈https://stayjapan.com/feature/
　　workation〉2023年 6 月30日アクセス.

世界遺産元離宮二条城HP「二条城MICEプラン」〈https://nijo-jocastle.city.kyoto.lg.jp/
　　guide/mice/〉2023年 7 月30日アクセス.

総務省HP「テレワーク・ワーケーション官民推進協議会」が設立されました〈https://
　　www.soumu.go.jp/menu_kyotsuu/important/kinkyu02_000501.html〉2023年 5 月
　　3 日アクセス.

田部井正次郎（2017）『観光MICE　集いツーリズム入門』古今書院.

帝国データバンク（2021）（2023）ニュースリリース「社内外会議に関する企業の実態調査」
　　〈https://www.tdb.co.jp/report/watching/press/p230409.html〉2023年 7 月29日
　　アクセス.

道免和久（2015）The Japanese Journal of Rehabilitation Medicine「国際リハビリテーショ
　　ン医学会 2019 年日本開催決定」〈https://www.jstage.jst.go.jp/article/
　　jjrmc/52/8-9/52_518/_pdf〉2023年 7 月30日アクセス.

トラベルボイス（2023年 1 月26日発信）「世界最大級の旅行・観光業界イベント「ITBベ
　　ルリン」, 3 月 7 日から開催」〈https://www.travelvoice.jp/20230126-152798〉
　　2023年 7 月29日アクセス.

長野県飯綱町ワーケーションモニターツアー第 2 弾！ "くらし"に新たな選択肢を！　親
　　子ワーケーション〈https://prtimes.jp/main/html/rd/p/000000039.000076519.
　　html〉2023年 5 月 5 日アクセス.

日本コンベンションサービス株式会社 HP「MICEとは」〈https://www.convention.co.jp/
　　news/detail/contents_type=16&id=941〉2023年 7 月29日アクセス.

日本政府観光局（JNTO）HP「JAPAN Best Incentive Travel Awards 2020」の受賞案件
　　〈https://mice.jnto.go.jp/about-jnto/incentive-awards/previous-awards-winners/
　　index.html〉2023年 7 月29日アクセス.

日本政府観光局（JNTO）HP「MICEとは」〈https://mice.jnto.go.jp/about-mice/whats-
　　mice.html〉2023年 7 月29日アクセス.

日本政府観光局（JNTO）HP「MICEとは」〈https://mice.jnto.go.jp/about-mice/whats-
　　mice.html〉2023年 7 月29日アクセス.

Manegy HP「知っておきたい！テレワークの歴史（日本・アメリカ）を学ぼう」〈https://
　　www.manegy.com/news/detail/3530/〉2023年 5 月 3 日アクセス.

ワーケーション自治体協議会 Facebook「参加自治体一覧」〈https://www.facebook.com/
　　WorkationAllianceJapan/〉2023年 6 月30日アクセス.

workation portal HP〈https://workation-portal.com/〉2023年 5 月 3 日アクセス.

和歌山ワーケーションプロジェクトHP「和歌山県のワーケーションの特徴」〈https://wave.pref.wakayama.lg.jp/020400/workation/index.html〉2023年5月3日アクセス.

第 *7* 章

地域経済の活性化を担うDMOのビジネス
——地域・社会と観光ビジネス Ⅰ——

　本章では，地域・社会の視点から観光ビジネスについて述べる．まず，近年，地域の観光振興を担う組織として注目されている観光地域づくり法人（DMO: Destination Manegement/Marketing Organization）の組織と取り組みについて解説する．そして，地域資源を活用した商品を開発し，観光客を誘致することによって地域経済に貢献する観光地域づくり法人の観光ビジネスについて述べていきたい．

1　観光地域づくり法人（DMO）

1）社会的背景
（1）地方の課題
　国内の人口減少が進む中，地方で課題となっているのが，産業構造と人口構造の変化である．産業構造の変化とは，農業人口の減少による農地の衰退化やその結果としての宅地化，工業地化の進展などであり，また，人口構造の変化とは，少子高齢化による労働人口の減少である．そして，このような地域の構造の変化が地域間格差の拡大に繋がっている．図7-1は，国内の地域別の転入・転出超過人口数の経年変化を示したものである．首都圏では人口の転入超過が続き，地方では人口の転出超過が続いている．地方においては人口減少と農商業の衰退や中心市街地の空洞化が進み，地域経済が停滞する一方で，大都市圏への人口や産業の集中が進み，地域間の格差が拡がることとなる．

　これらの課題に対して地域を活性化するには，以前より人が集まるようにして，経済活動を活発化させる必要がある．人を多く集めるには，定住人口の増加を目指すか他の地域から来訪する交流人口の増加を目指すしか方法はない（宗田 2009）．しかし，定住人口の増加は，国内の人口が減少する状況では，多くの地域においては自然増による定住人口の増加は困難である．また，定住人

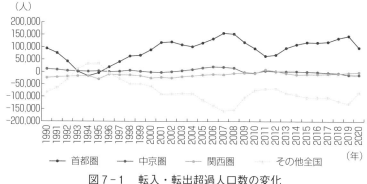

図7-1　転入・転出超過人口数の変化

首都圏：東京都，埼玉県，千葉県，神奈川県．中京圏：愛知県，岐阜県，三重県．
関西圏：大阪府，京都府，兵庫県，奈良県．
その他全国：上記以外の道県．
出所：総務省（2022）を基に筆者作成．

口の増加には地域に安定した雇用の場が必要である．一方で，交流人口の拡大に関しては，観光は地域活性化の１つの手段としての期待が大きい．

（2）地域活性化策としての観光振興

　前述のような地域の課題を解決する手法として注目されたのが観光振興である．観光は，地域にとって経済活性化の力になる．初期投資が不要で旧来からの資源，名所，自然環境等を資本として活用することできる（大橋 2009）．域外から旅行者を呼び寄せ，地域内で消費を発生することによって，地域経済の活性化を図ることができる．そして，定住人口の減少による消費の縮小によって経済が低迷する地方を中心に，交流人口の増加をはかり観光客の消費を地域に取り込む事が地域活性化の施策として推進されることとなる．

（3）旅行市場の変化

　地域活性化の手法として観光振興が取り組まれる中で，旅行市場は変化してきた．その変化とは，国内旅行市場の縮小と訪日外国人市場の拡大である．**図7-2**は，観光庁が行った調査による国民一人当たりの平均旅行回数と国内旅行消費額の推移を示したものである．日本国内の観光需要は，国民一人当たりの平均旅行回数が減少傾向にある．また，国内旅行消費額も2019年は21.9兆円であり，2004年の26.8兆円から減少している．一方で，訪日外国人客の消費額は，

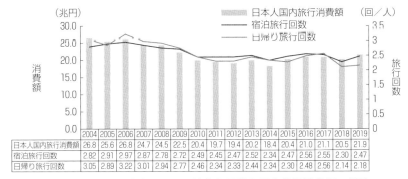

図7-2　国民一人当たりの平均旅行回数と国内旅行消費額の推移

出所：観光庁（2022d, 2022e）を基に筆者作成.

	2004	2005	2006	2007	2008	2009	2010	2011	2012	2013	2014	2015	2016	2017	2018	2019
日本人国内旅行消費額	26.8	25.6	26.8	24.7	24.5	22.5	20.4	19.7	19.4	20.2	18.4	20.4	21.0	21.1	20.5	21.9
宿泊旅行回数	2.82	2.91	2.97	2.87	2.78	2.72	2.49	2.45	2.47	2.52	2.34	2.47	2.56	2.55	2.30	2.47
日帰り旅行回数	3.05	2.89	3.22	3.01	2.94	2.77	2.46	2.34	2.33	2.44	2.34	2.30	2.48	2.56	2.14	2.18

図7-3　外国為替市況　東京市場　ドル・円　スポット　17時時点/
　　　　月中平均

出所：日本銀行（2022）を基に筆者作成.

図 7-3 の外国為替市況や，図 7-4 に示す訪日外国人客数とその消費額で明ら
かなように，2012 年以降の円安や訪日外国人客数の増加に伴って大きく伸長し，
2017 年以降は 4 兆円を超える規模となっている[1].

2）観光地域づくり法人（DMO）
（1）観光地域づくり法人（DMO）とは

前述のように旅行市場の変化に対して，観光客の受入地においても観光客の
受入体制や訪日外国人客誘致施策等の対応の変化が求められる．そして，これ

図7-4　訪日外客数（総数）と訪日外国人旅行者消費額の推移

出所：日本政府観光局（JNTO）（2022），観光庁（2022c）を基に筆者作成.

らの対応の変化を目的として，新たな組織体として国が2016年から認定を始め
たのが観光地域づくり法人（以下，DMO）の形成と確立である. 国は，DMOに
ついて次のように説明している.

> 観光地域づくり法人（DMO）とは，観光地経営の視点にたち，地域の「稼
> ぐ力」を引き出すとともに地域への誇りと愛着を醸成する「観光地経営」
> の視点にたった観光地域づくりの舵取り役として，多様な関係者と協同し
> ながら，明確なコンセプトに基づいた観光地域づくりを実現するための戦
> 略を策定するとともに，戦略を着実に実施するための調整機能を備えた法
> 人です（内閣官房まち・ひと・しごと創生本部事務局・観光庁2018：3）.

　DMOの役割・機能として，大きくは次の4点があげられている. 1点目は，
観光地域づくりにおける関係者の合意形成，2点目は各種データ等の継続的な
収集・分析とデータに裏打ちされた明確なコンセプトに基づく戦略の策定,
KPIの設定・PDCAサイクルの確立，3点目は観光資源の磨き上げや受入環境
の整備，そして関係者が実施する観光関連事業と戦略の調整・仕組みづくりと
プロモーションである（内閣官房まち・ひと・しごと創生本部事務局・観光庁 2018）.

（2）DMOの分類

　観光庁は，DMOの登録制度を設けている. 登録区分は，観光地域づくりの
対象とする区域によって広域DMO，地域連携DMO，地域DMOの3つに分け
られている. 広域DMOとは，複数の都道府県に跨る地方ブロックレベルの区

域を観光地域づくりの対象区域するもの，地域連携DMOとは複数の市町村に跨る区域を対象とするもの，そして地域DMOとは基礎自治体である単独市町村の区域を対象区域とするものである．2022年10月時点では，全国で255件が観光庁によりDMOとしての認定を受けている．255件の内訳は，広域DMOとしては，瀬戸内沿岸の7県を対象区域とする一般財団法人せとうち観光推進機構や関西2府4県と福井県，三重県，鳥取県，徳島県を対象区域とする一般財団法人関西観光本部などの10のDMOが認定を受けている．地域連携DMOとしては一般社団法人信州いいやま観光局，一般社団法人そらの郷や一般社団法人京都府北部地域連携都市圏振興社（海の京都DMO）など，103のDMOが認定を受けている．そして，地域DMOとしては，北海道釧路市のNPO法人阿寒観光協会まちづくり推進機構，和歌山県の一般社団法人田辺市熊野ツーリズムビューローや愛媛県大洲市の一般社団法人キタ・マネージメントなど142のDMOが認定を受けている（観光庁 2022b）．

（3）DMOの財源と事業

　DMOの財源は，行政からの補助と自主財源によって構成されている．行政からの補助とは補助金，交付金や分担金である．自主財源とは，行政からの指

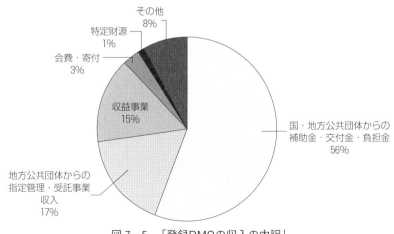

図7-5　「登録DMOの収入の内訳」

注：回答数＝170
出所：観光庁（2022: 5）を基に筆者作成．

定管理・受託事業，収益事業，会費・寄付，そして特定財源である．**図7-5**は，観光庁（2022）が全国の登録DMOを対象として行ったDMOの収入の構成比に関する調査結果である．行政からの補助金・交付金などは全体の56％を占めている．一方で，自主財源は，指定管理・受託事業収入が17％，収益事業が15％等となっている．

　観光庁（2021）は，DMOの財源と事業について次のように紹介している．

①行政からの補助金や交付金など

　DMOが行う活動は，地域全体に対する公益性の高い性質を有している．したがって，その財源の1つに，行政からの補助金や交付金などがある．まず，補助金とは，公益性の高い特定の事業やその事業を実施する団体等に事業の遂行を助成するために交付されるものである．そして，交付金とは，国や地方自治体が特定の目的を持って交付するもので，国が地方自治体に交付した交付金の一部は地方自治からDMOへ観光振興事業の委託金や補助金として交付される[4]．

②指定管理・受託事業

　指定管理とは，地方自治体が公の施設の管理を民間団体などに委託する制度である．DMOは，地方自治体から指定管理の指定を受けることによって，指定管理料を得る．そして，そこから施設の運営管理にかかった費用を差し引いた金額がDMOの財源となる．例としては，道の駅などの管理・運営がある[5]．受託事業は，地方自治体からの事業委託であり，プロモーション事業や調査・マーケティング事業などがDMOへ委託される．

③収益事業

　DMOの収益事業には，主要なものとして旅行関連事業や物販などがあげられる．旅行関連事業とは，当該地における着地型商品や体験プログラムなどの企画，造成や販売であり，物品販売事業は，当該地における地元産品などの販売である．

④会費・寄付

　DMOが地域内におけるマネージメントやマーケティング機能を果たすことに対する，地域内の関係者からの会費や寄付である．

2　DMOの観光ビジネス

ここでは，DMOの事業の中から旅行事業について事例を紹介する．事例の対象として，京都府北部に所在する一般社団法人京都府北部地域連携都市圏振興社（以下，*海の京都DMO*）を取り上げる．最初に，組織の概要について述べ，次に海の京都DMOの旅行事業について述べる．そして，DMOの旅行事業による地域における観光消費について述べていきたい．

1）事例対象：海の京都DMOについて

（1）設立までの経緯

海の京都DMOは，2016年6月に設立された地域連携DMOである．設立にいたる経緯は，京都府と京都府北部の7市町は2013年に「海の京都構想」を策定[6]し，海の京都観光推進協議会が設立された．翌2014年には，海の京都観光推進協議会は国の広域観光圏[7]の認定を受ける．そして，2016年6月に京都府と京都府北部7市町は，7市町の各観光協会の水平統合によって海の京都DMOを設立した（京都府・福知山市・舞鶴市・綾部市・宮津市・京丹後市・伊根町・与謝野町 2019）．

（2）組織体制と主な事業

海の京都DMOは，その主たる目的を7市町の連携とネットワーク化による観光地域づくりの推進としている（京都府北部地域連携都市圏振興社 2022a）．図7-6は，海の京都DMOの組織図である．7市町の各観光協会は各市町の地域本部を担い，事務局として総合企画局が設置されている．総合企画局の主な役割は，次の5つである．① 観光地域づくりの企画，調査分析および戦略の策定，② 統計・データ等に基づくマーケティング，③ 地域間連携によるプロモーション，④ 全域でのCS・サービス水準の向上，⑤ 着地型商品・体験プログラムの造成・販売，地域産品の販売である．また，旅行業務取扱管理者を配置する第2種旅行業者である．

次項では，これらの主要な役割の中から，⑤着地型商品・体験プログラムの造成・販売について紹介する．

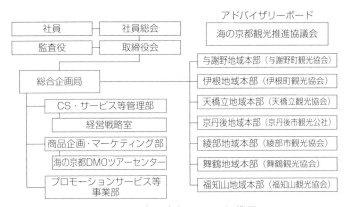

図7-6　海の京都DMOの組織図

出所：京都府北部地域連携都市圏振興社（2022b）を基に筆者作成.

２）海の京都DMOの旅行ビジネスの展開

（１）体験プログラム

　海の京都DMOでは，地域固有の生活風習や自然を体験することができるプログラムが造成されて販売されている．まちあるきや地域の伝統工芸体験，自然を体験するマリンスポーツやクルーズ，農作物収穫体験など200以上のプログラムがある．これらの例として，伊根町と与謝野町のプログラムについて紹介したい．まず，伊根町では伊根町観光協会が主催する伊根地区のプログラムである「まるごと伊根体験」が実施されている．コースの内容は，舟屋の見学やもんどり漁の見学である．舟屋は，１階が船のガレージで２階が居室となっている．舟屋の内部は住民の生活空間であり立ち入ることができないが，ガイドツアーでは特別に舟屋内部を見学することができる．もんどり漁は，住民が日常生活の中で行う漁である．魚のあらを餌にして，晩ご飯を調達する「もんどり」という仕掛けで，舟屋の前に「かご」を沈めて魚やサザエ，アワビなどを獲る漁である．次に，与謝野町では，与謝野町観光協会が主催する手機体験が実施されている．与謝野町は，古くから絹織物である丹後ちりめんの産地である．手機体験は，経糸と緯糸を織り合わせて絹のコースターを手作りすることができる．[8]

　体験プログラムの販売は，海の京都DMOのホームページ，海の京都DMOを構成する７市町の各観光協会（海の京都DMOの各地域本部）のホームページや観

光案内所で予約受付が行われている．海の京都DMO総合企画局の販売実績は，
コロナ前の2019年度の年間販売人員が約6000名である．

（2）着地型商品

　地域内の観光資源や前述の体験プログラムを組み込んだ着地型商品の企画・
販売も行われている．広域を周遊する企画についてはファムツアーを実施して，
地域への誘客に結びつけている．実績としては，地元の金融機関と連携し他府
県の金融機関の顧客組織を対象として誘致活動に取り組み，コロナ前の2年間
で約1万人を誘致している．また，京都舞鶴港へのクルーズ船誘致を目的とし
て，クルーズ船社への提案が行われている．

3）旅行事業と地域における観光消費

　DMOが旅行事業を展開する目的は，「2）観光地域づくり法人（DMO）」で
述べたDMOの財源確保だけではなく，地域の経済活性化もその目的として存
在する．ここでは，DMOの旅行事業が，地域の観光消費にどの程度の影響を
与えているかについて述べる．具体的には，海の京都DMO区域内の京都舞鶴
港におけるクルーズ船に関する事例を取り上げ，クルーズ船誘致とクルーズ船
寄港による観光消費額の概要を示していきたい．

（1）クルーズ船の誘致活動

　京都舞鶴港においては，舞鶴市産業振興部産業創造室が京都府と海の京都
DMOと連携して外航クルーズ船の誘致に取り組んでいる（観光庁 2019a）．
　一般的に，日本における外航クルーズ船の誘致は，各港の港湾管理者や地方
自治体，DMO等が中心となって取り組んでいる（観光庁2019a）．例えば，海外
の船社の本社への訪問営業や，国土交通省港湾局が海外のクルーズ船社を招聘
して行う意見交換会への参加である．舞鶴市と京都府の担当者は，イギリスな
どに所在する外航船の本社へ赴きクルーズ船の誘致を行い，2018年は23寄港，
2019年は34寄港（京都舞鶴港クルーズ船誘致協議会 2019）の実績を出している．意見
交換会では，船社側から地元ならではの本物感，特別感のある寄港地観光が求
められる．京都舞鶴港では，京都府，舞鶴市と海の京都DMOが合同して，プ
リンセス・クルーズやコスタ・クルーズへ港湾施設や受入体制，寄港地での観
光の提案を行った．観光の提案では，京都御所の建具の修復やフランスのルー

ブル美術館で美術品の梱包に使用されている和紙の産地での体験や御神酒発祥の地での地酒テイスティングなどの提案を行い，クルーズ船の誘致に成功している.

（2）寄港地観光とそのオペレーション

　寄港地観光とは，クルーズ船の各寄港地において船社が主催する現地発着のツアーである．クルーズ船毎に企画内容が異なり，船社は独自の魅力あるツアーを企画し，他社との差別化を行っている.

　図7-7は，寄港地観光のオペレーションの従来の形態である．東京や福岡に所在するランドオペレーターがクルーズ船社からの依頼を受けて，全寄港地の寄港地観光の企画・手配とツアーの実施を行う形式である．この仕組みでは，寄港地から遠隔地にあるランドオペレーターが企画を行うため，寄港地における観光資源情報が限られ，寄港地観光の企画に限界が生じる．そして，魅力的な寄港地観光の提供という船社の要望に応えられなかった結果として，抜港に繋がってしまった事例も存在する（観光庁 2019a）．一方で図7-8は，観光庁が新たに提唱する寄港地観光のオペレーションの形態である．ランドオペレーターが各寄港地のDMOなどへ寄港地観光の企画・手配を依頼する形式である．寄港地の詳細な情報収集と魅力的な寄港地観光の企画を行うことが可能となる（観光庁 2019a）.

図7-7　従来の寄港地観光の企画・手配の仕組み

出所：観光庁（2019a: 7-8）を基に筆者作成.

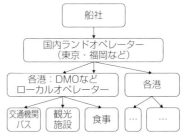

図7-8　観光庁が新たに提唱する寄港地観光の企画・手配の仕組み

出所：観光庁（2019a: 7-8）を基に筆者作成.

（3）寄港地観光による観光消費額

　DMOの主たる活動目的の1つに，交流人口拡大による観光消費額の増大がある．ここでは，DMOの旅行事業による地域における観光消費額の規模を算出してみたい．具体的には，海の京都DMOが取り扱ったクルーズ船の寄港地観光による観光消費額を推計する．

　①クルーズ客の観光消費

　訪日外国人の観光消費については，観光庁 (2022c) が「訪日外国人の消費動向」を発表している．同調査では，訪日外国人の日本滞在中の宿泊，飲食，交通や買物などの支出額が発表されている．また，訪日客が出発地で支払うパッケージツアー参加費に含まれる日本国内の支出 (宿泊，飲食，交通など) も推計が行われている．しかし，クルーズ客に関しては，パッケージ参加費に含まれる支出額の推計が行われていない．**表7-1**は訪日クルーズ客が2019年度の一年間に日本国内で支出した総額を示したものである．宿泊費や交通費はパッケージツアー参加費に含まれるため，その概要を知ることはできない．

　②寄港地観光による観光消費の推計

　寄港地観光の販売方法は，欧米クルーズと中国発着のクルーズでは異なる．欧米クルーズではパッケージツアー 参加費と寄港地観光は個別に販売され，中国発着クルーズではパッケージツアー参加費に寄港地観光が含まれて販売されている (観光庁2019a)．そのため，訪日クルーズ客の約8割を占める中国発着クルーズ客が寄港地観光に支払う金額を知ることはできない (国土交通省 2021)．そこで，寄港地における聞き取り調査と観光庁などが発表する各種データを用いて，寄港地観光による観光消費の規模を推計したい．

表7-1　クルーズ客費目別旅行消費額 (国・地域別)

(単位：億円)

国籍・地域	【費目別旅行消費額】						
	総額	宿泊費	飲食費	交通費	娯楽等サービス費	買物代	その他
全国籍・地域	805	0	25	9	2	768	0
台湾	65	0	5	6	1	53	0
中国	689	0	18	2	1	667	0
その他	51	0	2	1		48	0

出所：観光庁 (2020：17) を基に筆者作成．

ア，対象とするクルーズ船と寄港地観光の概要

　観光消費の規模の算出には,京都舞鶴港における寄港地観光の事例を用いる. 対象とするクルーズ船は，京都舞鶴港に寄港実績を有する船の中から，乗客定員が4180人で総トン数が約16万トンの外航クルーズ船として，寄港地観光の参加者数，寄港地観光の内容をもとに算出を行う. 対象となる船は上海発着であり，乗船客のほぼ全員が中国からの訪日である. 寄港地観光のコース内容は，大阪市内観光と京都市内観光の2種類である[16]. 大阪市内観光は，大阪城と住吉大社の訪問と心斎橋でのショッピングである. そして，京都市内観光は，伏見稲荷大社と平安神宮の訪問とショッピングである.それぞれの寄港地観光には，入場料や食事代は含まれていない.

イ，観光消費の推計

（ア）貸切バスの台数

　寄港地観光で使用された貸切バスは約130台で，海の京都DMOが手配を行ったのは，110台であった. その他は，中国の旅行会社がランドオペレーターを通さず，他府県のバス会社へ直接手配がなされたものである. このバスは台数が不明なため，算出対象から除外する.

（イ）貸切バスの運賃

　貸切バス運賃は，時間距離併用制運賃方式（近畿運輸局 2019）を用いて算出する. 図7-9は，時間距離併用制運賃方式について説明したものである. 貸切

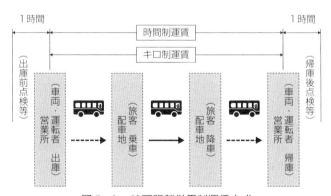

図7-9　時間距離併用制運賃方式

出所：近畿運輸局（2019）を基に筆者作成.

バス運賃は，時間制運賃とキロ制運賃の合計金額となる．

　貸切バス運賃の具体的な算出は，時間距離併用制運賃方式に基づき次の手順で行った．

a. 時間制運賃の算出

　時間制運賃は，走行時間と出庫前・帰庫後の点検点呼2時間の合計時間に時間単価を乗じた金額になる．寄港地観光の貸切バスは，9時配車で港への帰着は午後6時である．また，車庫と港の間の回送時間は往路復路ともに1時間とした．以上を合算すると13時間となる．そして，時間単価は時間制運賃の1時間当たりの下限額である5990円を用いる.[17]

b. キロ制運賃の算出

　キロ制運賃は,走行キロにキロ単価を乗じた金額になる．走行キロの算出は，株式会社ナビタイムジャパンの提供サービスを使用して,京都舞鶴港から大阪，京都の各訪問先の往復距離を求める．車庫から京都舞鶴港への往復の回送距離の算出は，次の手順で行う．貸切バスの70%は宮津市，福知山市等のバスを使用した．従って，往復の回送距離の算出は，舞鶴市，宮津市と福知山市からの走行距離にそれぞれのバス台数を乗じた値[18]を全バス台数で除する．そして，キロ単価は，キロ制運賃の下限額である120円[19]を用いる．

（ウ）飲食費，ショッピング

　クルーズ客の寄港地観光における飲食とショッピングの金額は，それぞれの支出単価に寄港地観光の参加者数を乗じて算出する．支出単価には観光庁が行った調査データ（観光庁 2019b）[20]を用い，寄港地観光の参加者数については海の京都DMOからの聞き取り数値を用いる．観光庁（2019b）の調査によると，クルーズ船客の1回の上陸における一人当たりの平均支出額は，飲食が約3600円，ショッピングが約1万4000円となっている．寄港地観光の参加者数は，海の京都DMOからの聞き取りに基づき，2380人とする．

（エ）観光消費額

　本章における事例で取り上げたクルーズ船の寄港による観光消費額の概算は，貸切バス運賃が約1240万円，飲食費が約850万円，ショッピングが約3330万円となり，合計は約5430万円となる．なお，寄港地観光に参加していない他の乗船客は，シャトルバス等を利用して舞鶴市内を訪問しているが，その人数が不明なため本章の観光消費額の算出の対象から除外した．

　本章では，地域の観光振興を担う観光地域づくり法人（DMO）について，組織の仕組みと取り扱う観光ビジネスについて述べてきた．観光は，域外から旅行者を呼び寄せ，地域内で消費を発生させ，地域経済活性化の一翼を担う．そして，DMOの主たる活動目的の１つが，交流人口拡大による観光消費額の増大である．DMOの旅行事業は，DMO自身の収益のみを目的とするのではなく，商品を開発し観光客を誘致することによって，地域経済の発展に寄与するものである．

注

1）　訪日外国人消費動向調査は，新型コロナウイルス感染症の影響により，2020年については，調査が断続的に中止となっている（観光庁 2022c）．このことから，本章では，一部を除き2019年度までのデータを取り扱う．

2）　Destination Management/Marketing Organizationの略称.

3）　KPIとは，Key Performance Indicatorの略称であり，組織の目標を達成するための業績評価の指標を意味する.

4）　例としては，地方創生交付金などがあげられる.

5）　DMOの指定管理に関しては観光庁（2022）も参照されたい.

6）　福知山市，舞鶴市，綾部市，宮津市，京丹後市，伊根町，与謝野町の7市町.

7）　観光圏とは，自然・歴史・文化等において関係のある地域を一体とする区域として，滞在型観光ができる観光地域づくりを促進する観光庁の制度である（観光庁 2022a）.

8）　プログラムの詳細は海の京都DMOホームページ（海の京都DMO 2023）を参照されたい.

9）　各地域本部の販売数は含んでいない.

10）　詳しくは，「上質な寄港地観光ツアープログラムの造成に向けた意見交換会」（国土交通省 2019）を参照されたい.

11）　船社の具体的な考え方の詳細は，上村（2017）を参照されたい.

12）　ここでいう御神酒発祥の地は，地元の伝承に基づく.

13）　船が寄港先を抜くこと.

14）　「訪日外国人消費動向調査」（観光庁 2022c）では，往復の船舶や宿泊がセットになった個人向けパッケージ商品と定義している.

15）　国土交通省の調査によると，2019年度の中国発の訪日クルーズ客は174万人で，訪日クルーズ客全体（215.3万人）の80.8%を占めている（国土交通省 2021）.

16）　この事例においては，寄港地観光の企画をランドオペレーターが独自で行い，バスの手配と運行を海の京都DMOが行った.

17）　単価は，近畿運輸局（2019）に記載されている「一般貸切旅客自動車運送事業の運賃・

料金の変更命令の審査を必要としない運賃・料金の額の範囲」に基づく.

18)　各地域のバス台数の構成比は，舞鶴市30％，宮津市35％，福知山市35％と見なした.

19)　注17）に同じ

20)　この調査は，本章で取り上げる事例と同じ2019年に実施されたものであり，クルーズ船の規模や発着地（上海），乗客定員も同じである.

参考文献

大橋昭一（2009）「周辺地観光・農村観光・都市観光についての理論動向」『関西大学商学論集』第54巻第3号，15-34頁.

観光庁（2019a）「クルーズ着地型観光に関する優良事例集」観光庁.

————（2019b）「日本の魅力発信に向けたクルーズ着地型観光の充実のための検討会（第3回）資料1：モデル事業の結果報告」観光庁.

————（2021）『「DMO の形成・確立に係る手引き」』観光庁.

————（2022）『観光地域づくり法人（DMO）における自主財源開発手法ガイドブック』観光庁.

京都府・福知山市・舞鶴市・綾部市・宮津市・京丹後市・伊根町・与謝野町（2019）「海の京都観光圏整備実施計画」京都府・福知山市・舞鶴市・綾部市・宮津市・京丹後市・伊根町・与謝野町.

内閣官房まち・ひと・しごと創生本部事務局・観光庁（2018）「「日本版 DMO」形成・確立に係る手引き（第2版）」内閣官房まち・ひと・しごと創生本部事務局・観光庁.

宗田好史（2009）『創造都市のための観光振興-小さなビジネスを育てるまちづくり』学芸出版.

ウェブページ

海の京都 DMO（2023）「遊び・体験」〈https://uminokyoto.jp/experience/〉2023年2月15日アクセス.

観光庁（2020）「訪日外国人消費動向調査」〈https://www.mlit.go.jp/kankocho/siryou/toukei/syouhityousa.html〉2022年11月28日アクセス.

————（2022a）「観光圏の整備について」〈https://www.mlit.go.jp/kankocho/shisaku/kankochi/ seibi.html〉2023年2月15日アクセス.

————（2022b）「登録観光地域づくり法人（登録 DMO）登録一覧」〈http://www.mlit.go.jp/kankocho/content/001519679.pdf〉2022年12月28日アクセス.

————（2022c）「訪日外国人消費動向調査」〈https://www.mlit.go.jp/kankocho/siryou/toukei/syouhityousa.html〉2022年11月28日アクセス.

————（2022d）「旅行・観光消費動向調査」〈http://www.mlit.go.jp/kankocho/siryou/toukei/shouhidoukou.html〉2022年12月28日アクセス.

————（2022e）『旅行・観光産業の経済効果に関する調査研究』〈http://www.mlit.

go.jp/kankocho/siryou/toukei/shouhidoukou.html〉2022年12月28日アクセス.

国土交通省（2019）「上質な寄港地観光ツアープログラムの造成に向けた意見交換会」
　　〈http://www.mlit.go.jp/kowan/kowan_fr 4 _000037.html〉2022年12月28日 ア ク
　　セス.

────（2021）「2019 年の我が国のクルーズ等の動向（調査結果）」〈http://swww.mlit.
　　go.jp/report/press/kaiji02_hh_000252.html〉2022年12月28日アクセス.

総務省（2022）「住民基本台帳人口移動報告長期時系列表　第 5 表　男女別転入超過数─
　　全国，都道府県，大都市」〈https://www.e-stat.go.jp/stat-search/files?page= 1 &
　　layout=datalist&toukei=00200523&tstat=000000070001&cycle= 0 &tclass 1 =000
　　001051218&tclass 2 val= 0 〉2022年12月10日アクセス.

日本銀行（2022）「主要統計データ　外国為替市況」〈https://www.stat-search.boj.or.jp/〉
　　2022年12月10日アクセス.

日本政府観光局（JNTO）（2022）「訪日外客数（総数）月別・年別統計データ（訪日外国人・
　　出国日本人）」〈https://www.jnto.go.jp/jpn/statistics/visitor_trends/〉2022年12
　　月 1 日アクセス.

法　令

「一般貸切旅客自動車運送事業の運賃・料金の変更命令について」（令和元年 7 月29日近運
　　自─公示第10号）改正.

参考資料

上村博英（2017）「ロイヤル・カリビアン・インターナショナル社のアジア・中国戦略」『港
　　湾』第94号．20-21頁.

京都府北部地域連携都市圏振興社（2018）『平成30年度定時社員総会』（一社）京都府北部
　　地域連携都市圏振興社.

────（2019）『令和元年度定時社員総会』（一社）京都府北部地域連携都市圏振興社.

────（2020）『海の京都DMO　2019年度事業報告』（一社）京都府北部地域連携都市
　　圏振興社.

────（2021）『海の京都DMO　令和 3 年度主な取り組み状況』（一社）京都府北部地
　　域連携都市圏振興社.

────（2022a）『海の京都DMO　令和 4 年度主な取り組み状況』（一社）京都府北部地
　　域連携都市圏振興社.

────（2022b）『法人案内』（一社）京都府北部地域連携都市圏振興社.

京都舞鶴港クルーズ誘致協議会（2019）「京都舞鶴港2019年クルーズ客船入港予定表」舞
　　鶴市役所みなと振興・国際交流課.

近畿運輸局（2019）「新しい貸切バス運賃・料金制度による適正な運賃・料金とは」近畿
　　運輸局.

第 **8** 章

健康と食による地域・社会を豊かにするツーリズム
——地域・社会と観光ビジネス Ⅱ——

　本章では，旅行会社および地域・社会の視点からウエルネスツーリズムとガストロノミーツーリズムについて解説する．最近注目されるウエルネスツーリズムは，健康増進がビジネスを創造し，地域活性化にも繋がることが注目されつつある．ガストロノミーツーリズムは，近年の食への関心の高まりが，ガストロノミーと観光との関係を新しい形へと発展させ，新しいトレンドが生まれている．このようなテーマをとりあげながら，地域・社会からみた新たな観光ビジネスについて考えていきたい．

1　ウエルネスツーリズム

　近年，健康の維持・増進を目的としたウエルネスツーリズムにスポットが当たり，ホテル旅館や公的宿泊施設，旅行会社などで取り組みが始まっている．自治体においても「健康増進」は喫緊の課題で，高齢になってもできるだけ多くの人たちが現役で社会参加できるように，健康寿命を伸ばそうとしている．
　ウエルネスツーリズム推進の観点として，旅をきっかけに生活の質の向上が図れるような，行動変容を目的としたプログラムを開発し，効果検証をし，それらのプログラム運営を担える人材を育成することにより，都市からの関係人口・交流人口を増やすことができるのではないかと考えられる．そこで，健康増進がビジネスを創造し，地域活性化にも繋がるようなウエルネスツーリズムを紹介する．
　ヘルスツーリズムという言葉が初めて公式に使われたのは，公的旅行機関国際同盟（International Union of Official Travel Organization＝IUOTO）のレポートで1973 年といわれている（羽生 2011）．そこから約50年経過したが，日本でヘルスツーリズムが着目されてきたのは近年のことである．
　ウエルネスツーリズムとは，「ヘルスツーリズムの推進に向けて：ヘルスツー

リズムに関する調査報告書（社団法人日本観光協会）」によると，国内では概念・定義はないとしている（羽生 2011）．医科学的根拠にもとづく健康回復・維持・増進に繋がる温泉浴，健康増進プログラムなどの活動形態とする点では，「ヘルスツーリズム」と共通している．「ウエルネスツーリズム」は，たんに疾病を予防するだけではなく，生きがいや生活の質の向上など，ヘルスプロモーション（世界保健機関：「人々が自らの健康をコントロールし，改善することができるようにするプロセス」）に力点が置かれている概念であると考えられている（日本観光協会 2007）．

　ヘルスよりウエルネスの方がより広範囲なものを含む概念ということができる．ウエルネスツーリズムの構成要素を，休暇中のヘルスケアや治療・回復，リラクゼーション，食事療法，運動，スキンケア・美容などがあげられる．ヨーロッパ諸国では，温泉・鉱泉が医療・療養目的で使われている．スパツーリズムや健康回復のためのツーリズムをメディカルツーリズムと捉えている．このような国々においては，スパ（「美と健康の維持・回復・増進を目的として，温泉・水浴をベースに，くつろぎと癒しの環境と，様々な施設や療法などを総合的に提供する施設」（羽生 2011））つまり温泉を求めてのツーリズムは，むしろ病気治療・療養のための旅行であり，病気予防を目的としたツーリズムはウエルネスツーリズムということができる．

　ヨーロッパにおいては，ウエルネスツーリズムはよく行われる旅行形態であり，スパはウエルネスの生き方を求める人々にとって，その実現をアシストするものと位置づけられている．そこで滞在するホテルにおいて，提供される個人のケアプログラムやリラクゼーションプログラムの質が重要になってきている．

　ヘルスツーリズムが医科学的な根拠を必要とするツーリズムと限定すれば，ヘルスツーリズムは，病気を治療する目的で他国に質の高い医療や高額な先端医療をより安い料金で受けるためのツーリズムという印象を与える可能性がある．ヘルスツーリズムは，メディカルツーリズムや，スパツーリズムを含めたウエルネスツーリズムから構成されることが，現代のツーリズムが持っている楽しさやリラクゼーション，学びといった側面も表現されるのではなかろうか．

　西根によると，一般にヘルスもウエルネスも「健康」と訳されることが多い．この両者の微妙な違いについて，消費者行動学という側面から「損失」（ここでは病気）を回避したいという後ろ向きな気持ち（予防焦点）をヘルス．一方，「利

得」（ここでは「健康」）に接近したいという前向きな気持ち（促進焦点）をウエルネスと解釈するとその違いが理解しやすいと述べている（西根 2015）.

1）ウエルネスツーリズムの動向

　世界中で“ウエルネス”が注目されている．ツーリズム業界でも，世界で有名なホテルチエーンが新しいテーマとして“ウエルネス”を，ビジネスチャンスと捉えたプログラムの開発，サービスを提供しはじめている．

　Global Wellness Institute（GWI）が発表した*The Global Wellness Economy: Looking Beyond Covid*の最新レポートによると，記録的な成長を続けていた世界のウエルネス市場だが，コロナ禍の経済的な打撃により，2020年は4.4兆ドル（前年比 –11%）とマイナスに転じた．その一方で，消費者の意識に感染予防や健康を重視する「価値感のリセット」が起きたことで，2021年には再びパンデミック前の5兆ドル規模にまで回復すると見ており，2025年までに7兆ドル規模まで伸長すると予測している．その中でウエルネスツーリズムは4360億ドルである（Global Wellness Institute 2021）．

2）近年のヘルスツーリズムの動向

　ヘルスツーリズムは，健康の維持や病気の予防，リハビリテーションなどの面での利用が期待されており，利用の仕方次第では，医療費の削減の可能性を秘めている．実際に，ドイツでは，自然や森林を利用したセラピー活動が健康保険の対象になるなど，医療の一形態に位置づけられている．諸外国を見渡せばヘルスツーリズム先進国はすでに存在し，日本でもこの分野が認められはじめている．日本では健康保険の適用にはならないが，さまざまなエビデンス（科学的根拠）を積み上げていくことにより，予防を中心としたヘルスツーリズム先進国が実現できると思われる．

　最近では，日本でもヘルスツーリズム先進地と企業が提携して，企業・健康保険組合等が取り組むさまざまな事業を，従業員・組合員の心と身体の健康づくりに活用するケースが出てきている．しかし，メタボリックシンドローム予防やメンタルヘルスケア（厚生労働省「労働者の心の健康保持増進のための指針」）は，医療・保健要素が強くなると，従業員・組合員は自主的に参加しにくい，という声も少なくない．

　その中で，ヘルスツーリズムは，誰でも気軽に楽しみながら，リフレッシュ

や癒しという「心の健康づくり」，あるいはフィットネス等の運動や食事等の
生活リズムの改善といった「身体の健康づくり」のプログラムを，新しいアプ
ローチから提供することが期待されている．

　ドイツでは，100年以上にわたる経験則の集積から，効果的な自然療法プロ
グラム（森林浴含む）がすでに用意され，専門の資格をもった医師や療法士が全
国374におよぶ保養地で治療に当たっており，この療法には健康保険が最長13
日まで適用されている．ドイツ人にとっては，保養地でそういった自然療法を
受けることは，権利として定着しているようである（森本・阿岸 2019）.

　世界有数の森林国日本においても，このように自然資源をセラピーに活用し
ていくことは，高齢者の健康維持・増進やリハビリテーションにとどまらず，
ストレスを抱える多くの人たちへの癒しにも繋がる可能性がある．

3）健康長寿を目指したウエルネスウォーキング

　ウエルネスウォーキングとは，ウエルネス理論に基づいたプログラムで，健
康ウォーキングやノルデイックウォーキング，まち歩きなどの要素を取り入れ
た新しいウォーキングスタイルである．毎回オリエンテーションで動議付けを
行い，ウォーキングの健康効果を血圧などの指標で「見える化」しているのが
特徴である．

　2015年8月に「ウエルネスウォーキングリーダー養成講座」を実施したこと
が「日本ウエルネスウォーキング協会」を設立するきっかけとなった．

　日本ウエルネスウォーキング協会は，ウエルネスウォーキングの普及や指導
者養成およびコースづくりのアドバイスを行うために2016年3月に設立され
た．養成講座に参加し認定されたリーダーが，その地域のウォーキングコース
を開発し，案内をしている．コースつくりのポイントとは，そこに住んでいる
人との暮らしぶりやその町に反映されている地域の歴史を直接体験することも
意識している．人々の季節の食材や暑さ寒さを防ぐ工夫，受け継がれてきた独
特の風習などをじっくりと見聞することである．

　2013年に六甲山にドイツのような健康保養地をつくることを目的に立ち上げ
られた「六甲健康保養地研究会」は，六甲山を健康保養地として活用していく
ためには，健康保養地として認知されるだけでなく，その内容にふさわしいプ
ログラムや設備，運営組織，人材が必要で，それらを統括して運営していくた
めの組織，それを担うための専門知識を備えた人材を養成している．そのプロ

グラムの１つがウエルネスウォーキングである．

　組織は，兵庫県「六甲健康保養地研究会」で2018年から鳥取県，神奈川県でも事業がスタートしている．

　これら開催している地域の人々が他の地域へ出かけて交流を図り，交流人口が拡大してその地域が活性化し，健康寿命延伸に寄与できることも期待している．

（1）神奈川県横浜市「横浜港ウエルネスウォーキング」

　横浜市の横浜港振興協会は，「日本ウエルネスウォーキング協会」が協力し，「横浜港エリア散策ウエルネスウォーキング」プログラムを開発した．歩きながら横浜港周辺を観光し，ウォーキング後は中華街のレストランや港にあるホテルのレストランで特別ランチを満喫するのが楽しみの１つである．

　コースは，横浜港をめぐるコースがメインで，「大さん橋」「象の鼻パーク」「赤レンガ倉庫」「ハンマーヘッド」「女神橋」「帆船日本丸（乗船）」など約４キロのコースを２時間かけて歩く．“BAYWALK YOKOHAMA”と名付けたコースを国内外に広める思いで始められたイベントである．２か月に１回のペースで，横浜港の歴史文化に触れられるコースを企画して開催している．担当者は「地元の方も知らなかったBAY WALKコースの魅力をお伝えできたと思います．帆船日本丸の乗船も初めての方が多く，再度ゆっくり訪れたいとの声も聞かれました．さらに，ナビオス横浜施設内で開店前の「シーメンズクラブ（BAR）」や絵画，模型等の見学も新しい発見で喜んで頂けました」と手応えを感じている様子である．

（2）神奈川県横浜市金沢区「八景島ウエルネスウォーキング」

　横浜市の横浜港振興協会は，「日本ウエルネスウォーキング協会」が協力し，「八景島ウエルネスウォーキング」プログラムを開発した．歩きながら八景島周辺を観光し，ウォーキング後は景勝地の料亭で特別ランチを満喫することができる．

　コースは，八景島マリーナから海の公園への海岸線を紹介しながら，みかん山で収穫体験や国の有形文化財指定の「金澤園」での食事など約４キロのコースを２時間かけて歩く．２か月に１回のペースで，横浜港の歴史文化に触れられるコースを企画して開催している．担当者は「称名寺入口ではリスやカワセ

ミなどの生き物達にも出会え，鎮守の森を散策（少し登山）しましたので自然の癒し効果（フィトンチット，1／fのゆらぎなど）も体験出来ました」と手応えを感じている様子である．

（3）むかいぐみウエルネスウォーキング

　鳥取県倉吉市で，"健康に人生を明るく送るための家づくり"をしている会社である．

　健康住宅をつくるには，まず家族や環境，地域が健康でなければならないという想いから，月に1回の社員を対象にウエルネスウォーキングを開催している．それ以外に，暮らしを楽しむ季節毎のイベントを開催したり，地域活動に参加することで，人を助けたり，助けられたり，新たな出会いが生まれたりしている．それは巡り巡って，「この街に住み続けたい」という想いを育てることになると考えている．

　会社の悩みとして，全体的に高血圧・高脂血症の値が高めの社員が多く，地域で毎年開催されるウォーキングへの参加を呼びかけ（費用は本人と家族分会社負担），運動習慣を促してきた．しかし，参加者は毎年増えてきていても，イベントは年に1〜2回しかなく，定期的な運動習慣にはなっていなかったことから，習慣化するには自社で毎月企画すれば良いと考え，専務がウエルネスウォーキングインストラクターの資格を取得した．

　また，新型コロナウイルス感染防止対策に努めながら，健康増進には毎月継続することが重要だといわれている．社員はもとより，地域の方々が健康になることで，活気のある町になる企画になってきた．

　コースを考える際に重要としていることは，負荷がかかる場所と普段気づかない場所を楽しめる工夫をし，その環境を好きになってもらいたいと考えられている．同時に，普段から色々な分野の情報を集めて，健康情報と合わせて伝えている．

　会社独自で，インストラクターによる効果的で楽しいウエルネスウォーキングを毎月開催しているという健康づくりへの取り組みが評価され，鳥取県知事表彰を授賞された．さらに，県民が健康づくりに取り組みやすいようなサービスを提供している施設「健康づくり応援施設」として認定され，スポーツ庁「スポーツエールカンパニー」にも認定された．

（4）ザ・プリンス京都宝ヶ池ウエルネスウォーキング

　京都市左京区のザ・プリンス京都宝ヶ池は，「日本ウエルネスウォーキング協会」が協力し，「歴史散策ウエルネスウォーキング」プログラムを開発した．歩きながらホテル周辺を観光し，ウォーキング後はホテルのレストランで野菜を中心とした特別ランチを満喫することができるプログラムである．

　コースは，倉川沿いに咲く桜を観賞しながら北上し，周辺の石座神社や妙満寺，岩倉具視幽棲旧宅などを巡りながら約6キロのコースを2時間かけて歩く．2か月に1回のペースで，京都の歴史文化に触れられるコースを企画して開催している．ホテルの担当者は「自然に恵まれた洛北地域の魅力を生かした企画でウィズコロナ時代にも合致している」と手応えを感じている様子である．

（5）六甲健康保養地研究会・ウエルネスウォーキング

　2015年5月から神戸市森林植物園の協力を得て，「六甲健康保養地研究会」が，月に1回のペースでウエルネスウォーキングを開催している．

　神戸市立森林植物園は，市街地から至近の六甲山地の一角に，自然を最大限に活用し，単なる見本園ではなく，生きた植物本来の姿を樹林として見ることができる，総面積142.6haの広大な植物園である．

　園内には，約1200種（うち約500種は外国産）の木本植物を中心に，北アメリカ産樹林区，ヨーロッパ産樹林区，アジア産樹林区，日本産樹林区（北日本区・照

図8-1　森林植物園での横臥療法の様子

出所：筆者撮影．

葉樹林区・日本針葉樹林区）といった原産地別に，自然生態を生かした樹林として植栽展示をしている．

　この植物園の健康利用を目的とした，四季の花々などを楽しむウォーキングは，定番となり，森のベッドによる「横臥療法」や「腕浴」などが人気である．

　森林植物園以外に，神戸ポートピアホテル，神戸みなと温泉蓮，神戸ワイナリー，フルーツフラワーパーク，福寿，六甲山牧場，有馬温泉など神戸市にて展開している．

4）健康保養プログラム

　筆者は，2019年 2 月16〜17日に，神戸みなと温泉蓮（神戸市）にて健康増進宿泊プログラムの効果検証を実施した．神戸医療産業都市推進機構のヘルスケアサービス開発支援事業の有識者委員会にて研究計画を答申し，「ヘルスケア開発市民サポーター」の利用の承認を得て，「ヘルスケア開発市民サポーター」から被験者を募集した．

　調査対象者はプログラムに参加した女性27人（年齢53.1±8.3歳）で普段から運動をしない人が半数をしめた．

　プログラム参加 1 週間前と介入 1 週間後・ 6 か月後に，意識感情調査（POMS）と生活調査（SF36V 2 ），チャルダー（主観的疲労感）の疲労調査を実施した．プログラムでは，ヨガ・水中運動・ウエルネスウォーキング・入浴等を行い 1 泊 2 日の健康増進プログラムの有用性を調べた．特に人気だったのが「水中運動」「ヨガ」「ウエルネスウォーキング」であった．

　その結果，介入前後で，最高・最低血圧が有意に減少した．介入 1 週間後と 6 か月後において，チャルダーの総合疲労・身体的疲労・精神的疲労が有意に増加し，SF36V 2 の日常生活機能［精神］が有意に減少した．

　介入前後において，プログラムの血圧減少の効果が確認できた．チャルダーの疲労調査において，参加 1 週間前と介入 1 週間後には有意な変化がなかったが，疲労の減少傾向にはあった．また，介入 1 週間後と 6 か月後において，疲労の増加と精神の日常生活機能の低下が確認された．このことは，定期的に今回のプログラムに参加することで，疲労と精神の日常生活機能の改善ができる可能性を示している．

　その中でも，重要なのが食事である．そこで，抗疲労に有効な栄養素を日本食にバランスよくとり入れた食事を提供した．抗疲労食とは，疲労回復システ

図8-2　神戸大橋をウエルネスウォーキングしている様子

出所：筆者撮影.

ムがよりスムーズに稼動することにより，疲れにくくなり，過労予防にもなるメニューである（渡辺ら 2016）.

　疲れを解消するには，細胞やたんぱく質を傷つける活性酸素の発生を抑え，代謝を助ける栄養素をとって疲労回復システムを修復することが必要である．活性酸素の発生を抑え，修復エネルギーを効率良く十分に作り，また，ストレスを緩和して，かつ，代謝をよくするカギは毎日の食事にあるということで，昼食を「湯葉とささみの餡掛けご飯：415kcal」「麦富士豚の生姜焼き：536kcal」夕食に「健康御前」を考案して提供した．ここで重要なことは，ウエルネスにおける食事は病人食でなく，長期滞在したとしても，飽きさせないバランスの取れたおいしい食事を提供することである．

　今回の取り組みをきっかけに温泉利用型健康増進施設のプログラムを充実させた中長期滞在の健康増進プログラムの運用が期待されている.

5）ウエルネスツーリズムが健康経営にも繋がる

　上述のように地域資源を有効活用した神戸での事例は，運動をする時間の確保にハードルが高い方でも，楽しく参加できないだろうか．このような地域を巻き込んだ取り組みが参加者を飽きさせない重要な要素だと考えられる.

　ウエルネスの活動で行動変容を促すために，食事や体験なども欠かせない要素だと考えられる.

　また，神戸森林植物園で始まったウエルネスウォーキングの会場は，六甲山

牧場，神戸フルーツフラワーパーク，神戸ワイナリーなどいずれも神戸市の運営である．これらの公的な施設の魅力を引き出すことによって，健康資源としての公園や公有地の力（Healthy Parks Healthy People（HPHP））を最大化することもできるのではないか．

　ザ・プリンス京都宝ヶ池ウエルネスウォーキングでは，健康保健組合連合会京都連合会加盟企業の幹部らが参加し，大田神社と上賀茂神社を案内した．このように，企業単位でツーリズムを通じて楽しく参加することで健康づくりに留まらず，地域の観光振興にも繋がるとも考えられる．

2　ガストロノミーツーリズム

1）ガストロノミーツーリズムとは
　国連世界観光機関（The World Tourism Organization of the United Nations: UNWTO）は，ガストロノミーツーリズムを以下のとおり定義している．

> 　観光客の体験・活動が，食や食材に関連付いていることを特徴とする．本格的，伝統的又は革新的な料理体験と併せて，ガストロノミーツーリズムには地域の産地訪問，食に関するフェスティバルへの参加，料理教室への参加など，他の関連活動を含む場合もある．ガストロノミーツーリズムの一種であるワインツーリズムは，ブドウ園やワイナリーの訪問，テイスティング，ワイン産地近隣でのワインの消費又は購入を観光の目的とする．（UNWTO 2021）

　「食」に対する関心は，人々に旅を促す重要な観光動機の1つであり，欧米では早くから「食」をテーマに観光客を誘致するガストロノミーツーリズムが注目されてきた．単に料理やその飲食経験にとどまらず，食材を生産する現場までも対象とすることから，特に地方の農山漁村の活性化にとって重要な役割を果たす観光活動として注目されている．

　これまでは，旅行中に飲食することは日常の行為であり，少なくとも観光の動機や目的ではなかった．さらに，近代において食生活は「文化」であるとみなされてこなかった歴史がある．

　食文化が認められたきっかけの1つは観光ではないだろうか．日本人は1964年に海外旅行が自由化され，その経験により，さらに，1970年の大阪万国博覧

会で世界の料理を知ることになった.

　ヨーロッパにおいては中世の古都とアルプスや地中海沿岸の自然の景観美が観光対象であったが, 国際観光の成長とともに, 1980年代には観光地での食の質の向上が外食産業界の課題となった.

　ガストロノミーという概念は「美味しい」を基準にしながらも, いわゆるフードの範疇を超えるものであり, 文化, 遺産, 伝統, アイデンティティ, 共同体を反映するものであることから, 食品や料理の上位にある概念であるといえる（尾家　2023）.

　特にフランスでは, 食の現場を健康的な運動と結びつけた観光が活発に展開されている.

　そこで, このような観光はより幅広いウエルネス（＝多様な観点における健康に基づく豊かな人生と自己実現）の概念から理解されるものであり, さらに, 比較的長い距離を移動するウォーキングによって, 地域を「点」で見るのではなく「面」として観光することが可能となる. 結果的に, 観光対象が広大な地域景観そのものとなることから, ガストロノミーウォーキングの実施にあたっては, 地域全体の景観づくりが重要なポイントとなる.

　2013年12月に「和食」がユネスコ無形文化遺産に登録され, 日本の食への関心は国内に留まらず海外からも高まり, 世界の注目を集めている. 特に, 発酵技術が海外の一流シェフ達に高く評価されるなど, 日本の伝統的な食文化の多様な側面に対する認知度が世界的に高まっているといえるだろう. こうした「食」に対する関心は, 人々に旅を促す重要な観光動機の1つであり, 欧米では早くから"食"をテーマに観光客を誘致するガストロノミーツーリズムが注目されてきた.

　ガストロノミーツーリズムは, その土地の気候風土に適した食材と歴史や伝統, 習慣が組み合わさって形成された「食」を楽しみ, 固有の食文化に触れることを目的としている. したがって, 単に料理やその飲食経験にとどまらず, 食材を生産する現場までも対象とする幅広い観光であることから, 特に地方の農山漁村の活性化にとっても重要な役割を果たす観光活動として注目されている.

2）フランスアルザス地方のガストロノミーウォーキング

　フランスアルザス地方では，毎年6月から9月の週末に，各村のワイナリーを巡るガストロミーウォーキングが開催されている．筆者は，2022年9月4日（日）に開催されたバール村（フランス東部ストラスブールから南に40km）のガストロノミーウォーキングに参加した．

　参加者は，ジロンド県（ボルドーのあたり），ジュラ山地（スイスとの国境付近），モーゼル県，ナンシー，ヴォージュ県（いずれもアルザスの西側）などのほか，コルマール，セレスタなどのアルザス地方からの参加者が大部分で人口7000人のバール村に1280人も集まった．バール村からは175人が参加した．筆者が参加したガストロノミーウォーキングでこれほど多かったのは初めてである．

　受付を済ませたあと，村の中心にある公園のスタート地点から30分おきにスタートする．筆者のグループは90人で，午前11時にスタートした．

　スタートにあたっては，首からつるすように紐がつけられている50ccのワイングラスをもらい，まずは小高い丘の上で"プレッツェル"を食し，肉料理，フロマージュ，コーヒーと続くフルコースが提供される．その後，ルート上にある各フードポイントで，気に入ったワインを注文する仕組みである．コースはブドウ畑の小高い丘を登り，松林を抜ける距離は7kmである．イベントの実施にあたっては，地元の人たちが一体となり，協力しながら運営している．このように地元の特産物を活かしたウォーキングはワインだけでなく，その地域食材の絶好のプロモーションとなっている．

　主催者であるGlobe Trotter de Barr事務局長ベルナール氏によると，今回のガストロノミーウォーキングでは約1200本のワインが消費された．個人や家族・友人の参加が多いが，団体参加もある．①旅行会社の企画ツアー，②サッカーチームのサポーターによる団体旅行（約50人），③企業の職員旅行（約80人）．1年目の2003年の参加者は170人ほどであったが2年目は2倍に増え，3年目には1000人を突破．その後は約900～1200人前後が続いている．それ以上増えると対応できなくなり，混雑しすぎるので断っている．リピーターは正確には把握されていないが，4割強である．今年も4月に申し込みを受け付け始めて6月には約600人の予約が来ていた．10年前はバイクイベントを実施していたが催行されなくなった．その後他の村でガストロノミーウォーキングをやっていたので，自分たちもやってみようということになった．

　イベント自体は独立したイベントであり，バール村からは，金銭的な支援は

図8-3 フードポイントで食事をする様子

出所：筆者撮影.

もらっていない．ただ開催許可や場所の無償提供，テントの貸与などは受けている．資金としては，協賛企業から200€/年をもらうほかは参加料収入だけである．広報としては，FacebookなどSNSでの告知の他，チラシ，ポスター，パンフレット（4000部作成）などを協賛企業を通じて配布している．

　ルートの決め方は，住民で村のことをよく知っている人が，景色の良いところをポイントとして決めた．

　これらの影響か最近ではバール村は緩やかに人口が増加している．1974年頃は4500人程度だったが，現在では7000人を超えている．ストラスブール近郊ということで，こちらに住んで通う人も増えているようである．

3）ONSEN・ガストロノミーウォーキング

　日本でも「ガストロノミーツーリズム」が広がりを見せている．前述のようにガストロノミーツーリズムは地域に根ざした色や自然，歴史などの魅力に触れることを目的とした旅のスタイルである．これに「温泉」をプラスした新しい体験が「ONSEN・ガストロノミーツーリズム」である．

　2016年10月にはONSEN・ガストロノミーツーリズム推進機構が設立され，普及に向けた体制が整った．同機構が「ONSEN」というワードを使ったのは，海外からの観光客にも温泉の魅力を広く発信していきたいという思いからである．「温泉」を単なる日本語ではなく，食文化を楽しみ，地域を称揚するヘル

スツーリズムとして「ONSEN」が国際語になるようにという願いを込めている（ONSEN・ガストロノミーツーリズムHP）．

　同機構は2016年11月に，大分県別府市の海岸沿いで世界初となるONSEN・ガストロノミーウォーキングを実施し，約300人の参加者が別府の自然や名産，温泉を満喫した．2019年1年間では全国50カ所で実施され，約15000人が参加した．2020年2月には海外初の台湾で開催されている．

　筆者は，2019年9月29日（日）に行われた「ONSEN・ガストロノミーウォーキングIN湯梨浜町・はわい温泉東郷温泉」に参加した．参加者は約300人で，フードポイントは7か所設置された．最初のポイントは「東郷湖産鬼蜆（おにしじみ）のお吸い物」で，日本一の大きさといわれる東郷湖産のシジミのうち，特に大粒のものを厳選した鬼蜆（おにしじみ）が提供された．次の湖畔のウォーキングカフェ「cafe ippo」では，「貝殻フィッシュバーガー」が提供された．ハワイ語で「マヒマヒ」と呼ばれる，地元産のシイラの身をフライにして貝殻模様のバンズで挟んだオリジナルバーガーである．2014年の鳥取バーガーフェスタでパフォーマンス賞を受賞している．次に，いま日本で一番肉質が良いといわれる「鳥取和牛串焼き」が振舞われた．鳥取和牛は2017年に開かれた「第11回全国和牛能力共進会」で肉質1位を獲得している．田園風景のポイントで「ウェルカニとっとり」というキャンペーンが開催されていることからもわかるように，鳥取を代表する味覚，ベニズワイガニがもっとも味を堪能できる茹で加減で提供された．最後は「鳥取牛骨ラーメン」である．「牛骨ラーメン」とは，読んで字のごとく牛骨（ぎゅうこつ）でスープをとったラーメンのことである．スープは少し甘めでコクがあり，まろやかな味わいが特徴で，鳥取中部のソウルフードとして親しまれている．このように地元の特産品，B級グルメや地酒，ワインなどに触れながらの8.9kmのウォーキングである．歩いた後は，はわい温泉・東郷温泉でさっぱりと汗を流して終了，という流れだ．

　同機構の調査によると，「コース満足度98％」が満足という結果となり，全国開催地の中で最優秀賞を受賞している．

４）神戸ワイナリーガストロノミーウォーキング

　神戸ワイナリーは，フランスのアルザス地方のワインを活かしたガストロノミーウォーキングをモデルとして，自然豊かな魅力溢れる神戸ワイナリーを舞台に，「食」，「自然」，「歴史」を一度に「体感」できるガストロノミーウォー

キングを開催している.

　ウォーキングと食, そしてワインが健康に繋がる要素を持っていることを知り, 実感していただく体験型イベントである. 筆者が参加したときは, 大ホールで説明後, 各自案内に従い圃場内3kmのコースを歩いた. 途中には5か所のフードポイント (① 菜の花畑では, スパークリングワインとおつまみ. ② 古民家では, ベネディクシオンブランと六甲山チーズ. ③ 展望台では, ベネディクシオンルージュ. ④ リースニング畑では, ブランデーとオリジナルチョコレート. ⑤ 元ホテル前では, サングリアと神戸イチゴ) がふるまわれた.

5) ワインツーリズムやまがた

　山形県上山城で, 県内および近県のワイナリーが勢揃いする, 東北最大規模のワインイベントが「やまがたワインバル」である. かみのやま産ぶどうを使用して作られたワインのほか, 各地の個性あふれるワインとの出会いの場所であり続けるというコンセプトのもと, ワインに合う料理のフードコートなどを楽しむことができる. さらに翌日には,「ワインツーリズム」が開催される.

　筆者は, 2018年7月8日に「ワインツーリズムやまがた」に参加した. 受付を済まして, かみのやま温泉駅から山形バスに乗車してタケダワイナリーへ移動. ワイナリーではツアーを開催しており歴史から生産までを詳しく解説してくれる. 次に, 新しくできたベルウッドヴィンヤードに移動, ワイナリーに就職して間もない方から, ワインつくりに対する思いを聞くことができた. 直接, 生産者の方からお話を聞くことができることも魅力の1つである. ワインツーリズムやまがたは, 上山エリアと南陽エリアと広いため1日では周ることが難しい. この年は, 上山エリアを集中して周り, 翌年に南陽エリアを周ることにした.

　2019年6月9日に再度参加し南陽エリアを周った. かみのやま温泉駅前からシャトルバスに乗り, 東北最古の坂井ワイナリー, 金渓ワインの佐藤葡萄酒, イエローマジックワイナリー, 3年連続ベスト日本ワイン受賞した大浦葡萄酒などを周った.

6) 地域活性化に繋がるガストロノミーツーリズム

　前述のようにフランスアルザス地方では, 毎年6月から9月の週末には, ワイナリーを巡るガストロノミーウォーキングが開催され賑わいを見せている.

これは，食材の生産現場の見学を健康的な運動と結びつけた観光であり，ガストロノミーにとどまらず，より幅広いウエルネスの概念から理解される活動といえるのではないだろうか．さらに，比較的な長い距離を移動するウォーキングによって，地域を「点」で見るのではなく「面」として観光することが可能となる．結果的に，観光対象が広大な地域景観そのものとなることから，ガストロノミーウォーキングの実施にあたっては，地域全体の景観づくりが重要なポイントとなる．

　このようなガストロノミーウォーキングは単なる観光イベントではなく，参加者のウエルネスの向上に加えて，地域の伝統的な生業景観や町並み，自然環境の保全をも含む社会的な取り組みとなり，農山村の総合的な地域づくりに役立つ可能性があると考えられる．

参考文献

Global Wellness Institute（2021）"The Global Wellness Economy: Looking Beyond Covid"〈https://globalwellnessinstitute.org/wp-content/uploads/2021/11/GWI-WE-Monitor-2021_final-digital.pdf〉2023年02月12日アクセス日．

ONSENガストロノミーツーリズム公式サイト〈https://onsen-gastronomy.com/〉2023年2月10日アクセス．

UNWTO（2021）『ガストロノミーツーリズム発展のためのガイドライン』〈https://www.e-unwto.org/doi/epdf/10.18111/9789284421596〉2023年02月20日アクセス．

西根栄一（2015）『生活者ニーズから発想する健康美容ビジネス・マーケテイングの基本』宣伝企画．

日本観光協会（2007）「ヘルスツーリズムの推進に向けて・ヘルスツーリズムに関する報告書」．

羽生政宗（2011）『ヘルスツーリズム概論』日本評論社．

森本兼久・阿岸佑幸編（2019）『温泉・森林浴と健康』大修館書店．

渡辺恭良・水野敬・浦上浩（2016）『おいしく食べて疲れをとる』オフィスエル．

第 *9* 章

テクノロジーを用いた新たなツーリズム
──旅行者からみた観光ビジネス──

　本章では，旅行者の視点からバーチャル・リアリティ・ツーリズムとMaaSについて解説する．バーチャル・リアリティ・ツーリズムは，テクノロジーの急速な発展とともに，新しいツーリズムとして旅行者に受け入れられつつある．MaaSは，旅行者の利便性を高めるだけでなく，地域や社会の課題解決にも繋がると期待されている．このようなテーマを取り上げながら，旅行者からみた新たな観光ビジネスについて考えていきたい．

1　バーチャル・リアリティ・ツーリズム

1）バーチャル・リアリティ・ツーリズムの定義
　バーチャル・リアリティ・ツーリズム（VRT: Virtual Reality Tourism）とは，可視化（ビジュアライゼーション），没入（イマージョン），双方向性（インタラクティビティ）によって，観光地をリアルタイムにシミュレーションすることを意味する（Talwar et al. 2022）．例えば，VRヘッドセットを装着することで，旅行者（利用者）は，現実空間から物理的に遮断され，没入感によって，物理的に移動することなく，実際の観光地を体験しているかのような感覚を得られる（Alyahya and McLean 2022）．現実に存在する空間だけでなく，メタバースのような仮想空間の体験も含まれる．このVRTの体験には，VRヘッドセットのような高度な技術を用いたものもあれば，パーソナルコンピュータやタブレット，スマートフォンを用いた，より簡易なものもある（毛利 2022）．例えば，HISが2020年4月から始めた，世界各地のガイドが観光地を案内するバーチャル・ツアー（オンライン・ツアー[1]）等が挙げられる．

　1995年にVRTに関する最初の研究が報告されて以降，マーケティングの視点から多くの成果が蓄積されている（Ying et al. 2022）．VRTの他に，バーチャル・ツアー（El-Said and Aziz 2022），バーチャル・ツーリズム（毛利 2022）等，多様な

呼ばれ方がある．さらに，技術の進歩とともに，VRTの範囲も拡大する傾向にある．このため，本節では，これまでの研究を参考に，VRTを幅広い概念として捉え，拡張現実（AR: Augmented Reality）を用いたツアー（Guttentag 2010参照），より簡易なバーチャル・ツアー等もVRTの一形態として扱う．同時に，このVRTの類型化を検討することで，ツーリズムの概念の拡がりについて確認する．また，本節の後半では，バーチャル・ツアーに対する消費者調査の結果について報告する．

2）バーチャル・リアリティ・ツーリズムを考慮したツーリズムの類型化

　これまでのツーリズムは，物理的な「移動」を伴いつつ，実際の観光地（「空間」）を訪れることが前提だった．この「移動」と「空間」という軸を用いつつ（毛利 2022参照），VRTを考慮したツーリズムの類型化が**図9-1**である．

　図9-1右上セルは，これまでのツーリズム（図9-1左下セル）の対極に位置づけられる．ここに類型化されているものでは，最新の技術を使うことで，物理的な移動を伴わず，現実に存在しない仮想空間へ旅行したかのような感覚を得ることが可能となる．恐竜が生きた過去の世界を再現し，そこに自らが存在するかのような没入感を得られるものや，創りあげられたファンタジーの世界を旅するようなもの等がある．他に，宇宙船に乗り込み，恒星間を航行するような物理的に存在するが，現実的に訪れることが難しいものも含まれる．

　観光地への移動は行われるが，現実の世界だけでなく，現実と仮想とを融合させた拡張現実を体験できるツーリズムもある（図9-1左上セル）．旅行者は自らのスマートフォン・アプリを用いることで，状況（位置情報等）に合わせた，さまざまな情報を受け取ることができる．例えば，史跡にスマートフォンをかざすと，過去に存在した建造物のCGがみられたり，アニメの聖地巡礼で有名な場所でスマートフォンをみると，アニメのキャラクターが現れたりする．

　図9-1右下セルに位置づけられるものには，例えば，バーチャル・ツアーが挙げられる．新型コロナウイルス感染症（COVID-19）の拡大によって，人間の移動が制限されたため，観光名所，博物館，遺跡等は，旅行者とのコミュニケーションを継続するための手段として，バーチャル・ツアーを積極的に取り入れてきた．その多くは，クラウド型のビデオチャットサービスであるZoom等を用いた，比較的簡易なものである（毛利 2022参照）．観光地と参加者をライブで繋ぎ，ガイドから観光地の最新の状況を紹介したり，それに対して参加者

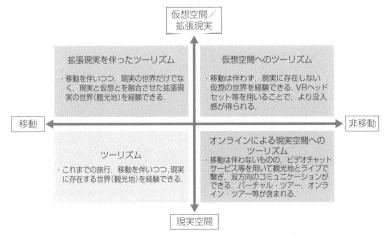

図 9 - 1　VRTを考慮したツーリズムの類型化

出所：毛利（2022: 4）を基に筆者作成.

から質問を受けたりといった，双方向のやり取りをすることができる．このようなツーリズムは，現実に存在する観光地を対象としたものであるものの，物理的な移動を伴うものではない．

　このように，物理的な移動を伴いつつ，現実に存在する空間を観光するというこれまでのツーリズムの概念は，観光地や旅行者が新たな技術を取り入れることで，大きく拡大していることが分かるだろう．

3）バーチャル・リアリティ・ツーリズムと観光ビジネス

　旅行会社は，図 9 - 1 の類型化に沿った新たなツーリズムを提供し始めている．図 9 - 1 右上セルに位置づけられるものとして，例えば，HISが取り組むメタバースがあげられる．HISは，2022年 6 月29日から 7 月27日までの約 1 か月間，メタバース内に仮想支店「HISトラベルワールド」を試験的に開設した．仮想支店内に展開されたハワイ，沖縄，ハウステンボスの 3 つの旅行先では，アバターが自撮りできるフォトスポットが設けられ，国内だけでなく，海外からも旅行者（利用者）が訪れた．さらに，気になる旅行先がみつかった場合には，掲載されているQRコードからHISのサイトへ遷移し，そのまま旅行予約が可能となっていた（HIS 2022）．

　図 9 - 1 左上セルに位置づけられる，拡張現実を用いた取り組みもみられる．

JTBは，「道頓堀XRパーク」という，「ARエンターテインメント体験」の実証
実験を行った（2022年3月18日-4月10日）．例えば，「道頓堀川ARフィッシング」
では，道頓堀エリアの中心，戎橋で道頓堀川（東側）に向けてスマートフォン
をかざすと，釣竿が出現し，フィッシングゲームが楽しめた（JTB 2022）．ここ
で釣れた魚の種類に応じて，道頓堀商店街のイベント参画店舗で利用可能なデ
ジタルクーポンを取得できる等，観光地の活性化に繋げることも考慮した取り
組みであった（JTB 2022）．

　図9-1右下セルに含まれるバーチャル・ツアーは，多くの旅行会社が取り
組んでいる．例えば，HISは，バーチャル・ツアー単体の販売に加えて，海外
旅行を申し込んだ場合，30日間無料でバーチャル・ツアーに参加できるという
サービスを始めている．旅行者はこのサービスを活用することで，事前に旅行
先の最新の情報を得られる等，海外旅行の「予習」としても活用できる（HIS HP）．

　実証実験の段階にあるものも含め，ツーリズムの概念の拡がりに沿った旅行
会社としての新たな展開が読み取れる．

4）バーチャル・リアリティ・ツーリズムに対する消費者評価

　COVID-19の感染拡大に伴い，これまでのツーリズムを代替するサービスと
して，各旅行会社からバーチャル・ツアー（オンライン・ツアー）が提供されて
きた．このバーチャル・ツアーは，ライブで双方向のやり取りが可能なため，
ポストCOVID-19においても，観光地の最新の情報を得るための情報源として
期待されている．

　一方で，バーチャル・ツアーの利用者は限定的であるという指摘がある（例
えば，毛利 2022）．バーチャル・ツアーに対する認知度はどこまで高まっている
のだろうか，あるいは，バーチャル・ツアー体験の有無によって，今後の観光
地訪問やバーチャル・ツアーの利用意向等はどの程度異なるのだろうか．この
ような問いに対する理解は，他のVRTに対する課題を検討するうえでも有用
な示唆になり得る．このため，本項においては，バーチャル・ツアーに関する
調査結果を確認する（調査は2023年1-2月に実施）[4]．

　バーチャル・ツアーに対する認知度は，「実際に提供されている事例を含め
て知っている」の割合が8.0％，「どのような意味かについて知っている」は
15.9％，「名前は聞いたことがあるが，よく知らない」は30.8％，「知らなかった」
は45.5％であり，「知らなかった」の割合が最も高かった（図9-2）．2021年1

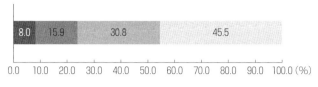

図 9 - 2　バーチャル・ツアー（オンライン・ツアー）に対する認知度（n＝2000）

出所：筆者作成.

　月に，毛利（2022）が大学生を対象に行った調査においても，「はじめて聞いた」の割合が最も高かった[5]．いずれの結果からも，バーチャル・ツアーに対する認知度が決して高いとはいえないことが分かる.

　次に，「実際に提供されている事例を含めて知っている」「どのような意味かについて知っている」と回答した調査協力者を対象に，バーチャル・ツアーに対する評価を尋ねた[6]．とりわけ，バーチャル・ツアーに対する今後の利用意向や観光地訪問との関係をまとめた結果が図 9 - 3 である（「よく使用している（n＝42）」「知っており，1 回以上使用したことがある（n＝45）」「知っているが，使用したことはない（n＝163）」）.

　調査結果を確認すると，バーチャル・ツアーを「よく使用している」回答者，および「知っており，1 回以上使用したことがある」回答者の評価は，「知っているが，使用したことはない」回答者の評価よりも高い傾向にあることがうかがえる．例えば，「⑤バーチャル・ツアーを体験してみて，実際に行ってみたくなった（行きたくなりそう）」では，「よく使用している」回答者の平均点は3.69，「知っており，1 回以上使用したことがある」回答者の平均点は3.60，「知っているが，使用したことはない」回答者の平均点は3.31であった．この結果は，バーチャル・ツアー体験が，実際の観光地訪問へ結びつく可能性を意味している．また，バーチャル・ツアーの経験者においては，「⑦今後もバーチャル・ツアーに参加したい（したくなりそう）」の平均点も高い傾向にあることが分かる．このことは，ポストCOVID-19においてもバーチャル・ツアーが消費者の情報源として定着し得ることを示している.

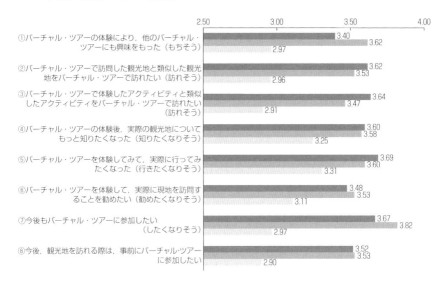

図9-3 バーチャル・ツアー（オンライン・ツアー）に対する消費者評価（n=250）
出所：筆者作成.

5）今後のバーチャル・リアリティ・ツーリズムの課題

　COVID-19の感染拡大は，観光地と旅行者とを結びつける手段としてVRTが注目されるきっかけとなった．VRTによって，移動をせずとも，あたかも観光地を訪れているかのような感覚を得られるようになってきている．また，技術の進歩によって，より容易に没入感を得られる機会も増えている．このようなVRTの体験は，当該観光地に対する訪問意図へ結びつく可能性が高いことを改めて確認した．このため，ポストCOVID-19においても，旅行会社は，WEB等の情報源にVRTを用いたサービスを加えることで，競合する他社との差別化に繋げられる可能性がある．さらに，最先端の技術によって，今回示した類型化に収まらないツーリズムの出現も十分に想定される．ツーリズムの概念の拡がりを新たなビジネスに結びつけていくことが旅行会社に求められているだろう.

2　MaaS

1）MaaSの定義

　MaaS（マース: Mobility as a Service）とは,「出発地から目的地まで, 利用者にとっての最適経路を提示するとともに, 複数の交通手段やその他のサービスを含め, 一括して提供するサービス」（都市と地方の新たなモビリティサービス懇談会 2019）を意味する.[7]

　例えば, MaaSの利用者は, スマートフォンの1つのアプリを用いることで, 鉄道やバス等の従来のサービスに加え, シェアサイクルやオンデマンド交通, カーシェア等の新しいモビリティサービスのルート検索・予約・決済ができる（図9-4）.

　MaaSという概念の最初の構想は, 1996年にオーストリアのインスブルックで開催されたENTERカンファレンスにおいて発表されている. その後, 相乗りサービスの提供を始めた企業（BlaBlaCar 2006年; Uber 2009年）, 統合モビリティサービスの実験を行った企業（UbiGo 2014年）等によって, MaaSは実現可能なものとして発展していった（Whim HP）. とりわけ, MaaSの先進事例として有

図9-4　MaaS（観光地型）の概要

出所：日本政策投資銀行（2021: 3）, 日高ら（2018: 21）を
　　　基に筆者作成.

名なものは，2016年にフィンランド企業のMaaS Global社が提供を始めた
Whimだろう．消費者のニーズは「何も心配することなく，気ままに移動でき
ること」だと考え，「気まま」「気まぐれ」を意味するWhimというアプリ名が
つけられた（Whim HP）．例えば，このWhimで提供されている交通サブスクリ
プションモデル（定額制）を使用することで，利用者は，バス，タクシー，シェ
アサイクル，カーシェア等，さまざまな交通手段を組み合わせることができる．
つまり，利用者自身にとってより最適な移動を体験することが可能となってい
る．現在，Whimは，フィンランドのほか，ポーランドやオーストリア，日本
等でMaaS事業を展開している（Whim HP）[8]．本節では，日本版MaaSに注目し，
とりわけ，観光地におけるMaaSによってもたらされる効果を確認する．また，
このMaaSに取り組む企業の事例を紹介する．本節の後半では，MaaSに対する
消費者調査の結果について報告する．

2）日本版MaaS

　都市と地方の新たなモビリティサービス懇談会の「中間とりまとめ」におい
て，「日本版MaaS」が提唱されている（日高ら 2020）[9]．この「中間とりまとめ」
では，都市圏と地方圏という地域特性と観光地を考慮し，「大都市型」「大都市
近郊型」「地方都市型」「地方郊外・過疎地型」「観光地型」というMaaSの類型
化が行われている．そして，これらの類型化に沿った課題と導入目的が示され
ている．例えば，「観光地型」の課題として，① 地方部における二次交通の不足，
観光交通の実現，② 急増する訪日外国人の移動円滑化，③ 観光ニーズの多様化，
が挙げられている．また，導入目的として，① 観光客の回遊性向上，② 訪日
外国人の観光体験の拡大・向上，が挙げられている（都市と地方の新たなモビリティ
サービス懇談会 2019; 日本政策投資銀行 2021）．この観光地型MaaSに期待される効果
は，① 利用者（旅行者・地域住民），② 事業者（交通業者・観光関連事業者），③ 地域，
という3つの視点でまとめられる（日本政策投資銀行2021）．

　これまで旅行者は，観光地に行くためにバスや鉄道を乗り継ぐ場合，通常，
交通機関の予約や支払いは，個別に行うことが求められた．また，観光関連サー
ビス（アクティビティ，飲食等）も同様の対応が必要だった．これに対し，MaaS
が普及することで，複数の交通機関を利用できるフリーパスや観光地のアク
ティビティ等に関する予約・決済がワンストップで可能となる．さらに，AI
による旅程提案，交通機関や観光地の混雑状況に関する情報をリアルタイムで

入手できるようになる（日本政策投資銀行 2021）（**図9-4**）．また，例えば，MaaS
とあわせた新型輸送サービス（AIを用いた効率的な配車を可能とするオンデマンド交
通等）は，旅行者に留まらず，地域住民にとっての利便性を高める．そして，
このことは，交通事業者による効率的・効果的なサービス提供にも繋がるため，
将来的な生活交通の確保・維持に結びつくことも期待されている（都市と地方の
新たなモビリティサービス懇談会 2019）．

　交通事業者は，MaaSが導入されることによる旅行者の行動変容（自家用車か
ら公共交通へのシフト等）によって，新たな顧客を獲得する機会を得られる．また，
MaaSを通じて取得したデータ活用による，事業運営の効率化やサービスの拡
充にもなり得る．観光関連事業者は，旅行者の回遊行動の増加が予測されるた
め，それに沿ったタッチポイント（接点）を設定することによる，効果的なプ
ロモーションの実現や売上機会の増加を見込める（日本政策投資銀行 2021）．

　地域にとっては，公共交通ネットワークが最適化されることで，周遊観光促
進による地域全体の活性化を図ることができる．また中長期的には，蓄積デー
タを用いたスマートシティの推進も想定される（日本政策投資銀行 2021）．つまり，
MaaSによって，利用者（旅行者・地域住民）のニーズを満たしつつ，交通事業者
や観光関連事業者の収益化を実現しながら，地域課題を解決することが期待で
きる（日本政策投資銀行 2021）．

3）MaaSと観光ビジネス

　MaaSに関連する主なプレイヤーとして，鉄道やバス，シェアサイクル等の
モビリティ関連サービスを提供する交通事業者，アクティビティや飲食等の観
光関連サービスを提供する観光事業者に加え，MaaSのアプリを開発・運用し，
各種サービスを統合するための調整を行う，MaaSオペレーターがあげられる
（日高ら 2020）．

　このMaaSオペレーターには，例えば地域との共創を通じて伊豆地域の活性
化を目指す「伊豆navi」を，東急，東日本旅客鉄道，伊豆急行が提供している
ように，交通事業者自らが，MaaSオペレーターとなるビジネスモデルがある（東
急 2022）．また，JTBが，旅行に関する商品・サービスを移動手段と一体で提
供し，地域における交流人口や消費の拡大を目指すことを目的に観光地型
MaaSを実現するためのソフトウェアを開発しているように，旅行会社がMaaS
オペレーターとなるビジネスモデルもある（JTB 2021）．

　JTBは，2021年10月より栃木県日光市において，東武鉄道，栃木県，JTBコミュニケーションデザイン，オリックス自動車，トヨタレンタリース栃木とともに，「NIKKO MaaS」のサービスを開始している．この「NIKKO MaaS」は，国内初の環境配慮型・観光地型MaaSである．旅行者は，日光地域の鉄道・バスをセットにしたデジタル限定フリーパス，EV（電気自動車）・PHV（プラグイン・ハイブリッド車）カーシェアリングやシェアサイクル，EVバス（低公害バス）等の環境に配慮したモビリティや，歴史・文化施設等の拝観・入場チケット，ネイチャーアクティビティ等の観光コンテンツを，「NIKKO MaaS」から検索・購入・利用することができる（JTB 2021）．つまり，スマートフォン１台で，日光・鬼怒川エリアの周遊観光を楽しむことが可能となっている（JTB 2021）．

　この「NIKKO MaaS」においてJTBは，MaaSアプリの構築・運用，および，拝観・入場・体験商品管理等を担っている．より具体的には，「Tourism Platform Gateway」という，旅行者と地域事業者をつなぐソフトウェアサービスにより，上記のような旅行者や観光事業者向けのサービスを提供している．この「Tourism Platform Gateway」は，JTBが開発した観光地型MaaSを実現するためのソフトウェアであり，多くの外部サービスをシステム上で連携することができる．例えば，連携サービスの１つであるJTB+BÓKUNは，観光地での体験商品情報を取り込めるため，地域ならではの体験コンテンツを交通サービスと組み合わせて販売することが可能である（JTB+BÓKUN HP）．

　この「NIKKO MaaS」によってメリットを享受できるのは，効率的に観光地を訪れることが可能となる旅行者や，それによって売上げの機会が増える交通事業者，観光関連事業者に留まらない．例えば，観光シーズンにおける自家用車の流入等による交通混雑の予防・緩和により，地域住民の生活の質の向上にも繋がる．さらに，地域全体にとっても，環境に配慮した移動手段による「環境にやさしい観光地」としてのブランド化，温暖化対策，観光振興等に結びつけられる（JTB 2021）．

　このように旅行会社自らがMaaSに関わりをもち，「移動と地域の観光素材を組み合わせ，磨き上げ，観光客の回遊性を高めて，地域の消費額向上に繋げる」（JTB 2021）ことを通して，地域課題の解決に向けた取り組みを行っている．

4）MaaSに対する消費者評価

　これまで概説してきたように，MaaSは，旅行者，事業者，地域から期待さ

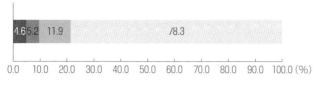

図9-5　MaaSに対する認知度（n＝4000）
出所：筆者作成.

れている. このMaaSが便利なものとしてより認知され, 普及するためには,
どのような課題があるのだろうか. 消費者を対象とした調査結果をもとに確認
していく（調査は2022年12月と2023年1月に実施）[10].

　MaaSに対する認知度は,「実際に提供されている事例を含めて知っている」
割合は4.6％,「どのような意味かについて知っている」は5.2％,「名前は聞い
たことがあるが, よく知らない」は11.9％,「知らなかった」は78.3％であり,「知
らなかった」の割合が最も高かった（図9-5）. 2022年3月に, みずほリサー
チ＆テクノロジーズ（2022）が, 普段から公共交通機関（鉄道・バス）を利用す
る人を対象に行った調査においても,「知らなかった」の割合は63.0％で最も
高かった. いずれの結果からも, 日本におけるMaaSに対する認知度は決して
高いとはいえないことがわかる. 観光地でのMaaS利用を促すためにも, 日常
生活圏でのMaaSに対する認知度向上が課題だといえる.

　次に,「実際に提供されている事例を含めて知っている」「どのような意味か
について知っている」と回答した調査協力者を対象に, MaaSという新しい技
術に対する評価を探るため, 技術受容モデル（Technology Acceptance Model）[11]を
考慮した質問を行った[12]. 結果は図9-6の通りである（「よく使用している（n＝
83）」「知っており, 1回以上使用したことがある（n＝74）」「知っているが, 使
用したことはない（n＝64）」）.

　調査結果を確認すると,「よく使用している」回答者の評価は, 他の回答者
の評価よりも全ての質問項目において高い傾向にあることが分かる. 同様に,
1つの質問項目（「③MaaSを利用することで, より便利に旅行先を訪れることができる（で
きそう）」）を除いて,「知っており, 1回以上使用したことがある」回答者の評

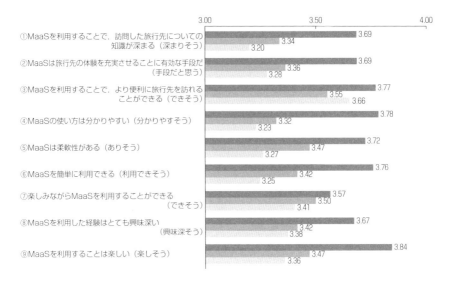

図9-6　MaaSに対する消費者評価（n＝221）

出所：筆者作成.

価が，「知っているが，使用したことはない」回答者の評価よりも高い傾向にあることがうかがえる．このことから，MaaSの利用経験が増すことで，MaaSに対する利便性を理解し，サービスを享受しているといえるだろう．

5）今後のMaaSの課題

　MaaSは，観光地でのシームレスな移動，一元的な情報収集・予約・決済が可能になるという，旅行者にメリットをもたらすだけでなく，持続的な生活交通の確保・維持という，地域住民のメリットにも繋がる．鉄道，航空（例えば，ANAの「Universal MaaS」，JALの「JAL MaaS」），高速バス（例えば，WILLERの「mobi」）といったモビリティに直接関わる交通事業者だけでなく，本節で紹介したように，旅行会社がMaaSアプリを自ら開発・運用し，新たなビジネス拡大を狙っている．

　ただし，複数の独立したMaaSが存在することは，消費者にとって混乱を招く可能性がある．アプリの相互連携は，今後の重要な課題となるだろう（日高ら 2020）．また，MaaSに対する消費者の認知度の低さという基礎的な課題も指

摘できる．しかし前記の調査では，MaaSを利用したことがない消費者が，「③MaaSを利用することで，より便利に旅行先を訪れることができる（できそう）」という問いに対して一定の評価を下している．例えば，観光地の魅力とともに，当該観光地で用いられているMaaSの有用性を訴求するマーケティング・コミュニケーションの検討も今後の課題といえるだろう．

注

1）　斉藤（2022）は，「オンラインツアー（バーチャルツアー）」としている．

2）　VRヘッドセット等を使わず，仮想空間を体験できるものもある．

3）　本節では，「空間」と「世界」をほぼ同義語として用いている．

4）　調査項目は，みずほリサーチ＆テクノロジーズ（2022），および，El-Said and Aziz（2022）を参考にしている．図9-2で用いられたデータは，2023年1月11日と17日にリサーチ会社モニターを対象に収集されている（n＝2000）．図中の四捨五入した％の加算値は，敢えて100になるように調整していない．図9-3で用いられたデータは，2023年1月30日-2月1日にリサーチ会社モニターを対象に収集されている（n＝250）．

5）　「はじめて聞いた」は，男性が54.9％，女性が42.9％．「知っていた」は，男性が10.5％，女性が21.8％．「聞いたことはある」は，男性が34.0％，女性が35.3％であった（男性に未回答あり）．

6）　「全くあてはまらない（1）」から「とてもあてはまる（5）」までの5件法．

7）　国土交通省は，MaaSを「地域住民や旅行者一人一人のトリップ単位での移動ニーズに対応して，複数の公共交通やそれ以外の移動サービスを最適に組み合わせて検索・予約・決済等を一括で行うサービスであり，観光や医療等の目的地における交通以外のサービス等との連携により，移動の利便性向上や地域の課題解決にも資する重要な手段となるもの」と定義している（国土交通省 HP）．しかし，MaaSの定義については，現状，統一されているとはいえない．

8）　サービスが提供されている国によって異なるが，例えば，ヘルシンキでは，シーズンチケット，デイチケット等，利用者のニーズに合わせた複数のプランが用意されている．

9）　「日本版MaaS推進・支援事業」として，2022年現在，合計73の事業が選定されている（国土交通省 2022）．

10）　調査項目は，みずほリサーチ＆テクノロジーズ（2022），および，El-Said and Aziz（2022）を参考にしている．図9-5で用いられたデータは，2022年12月19日と2023年1月5日にリサーチ会社モニターを対象に収集されている（n＝4000）．図9-6で用いられたデータは，2023年1月16-20日にリサーチ会社モニターを対象に収集されている（n＝221）．

11）　消費者の新技術受容行動を説明する要因として「有用性（perceived usefulness）」

と「使用容易性（perceived ease of use）」が示されている（El-Said and Aziz 2022）．
図9-6の①-③は「有用性」，④-⑥は「使用容易性」，⑦-⑨は，El-Said and Aziz（2022）
を参考に，「楽しさ」を測定している．

12) 「全くあてはまらない（1）」から「とてもあてはまる（5）」の5件法．

参考文献

Alyahya, Mansour and Graeme McLean（2022）"Examining Tourism Consumers'
    Attitudes and the Role of Sensory Information in Virtual Reality Experiences of
    a Tourist Destination," Journal of Travel Research, 61（7）, 1666-1681.

El-Said, Osman and Heba Aziz（2022）"Virtual Tours a Means to an End: An Analysis of
    Virtual Tours' Role in Tourism Recovery Post COVID-19," Journal of Travel
    Research, 61（3）, 528-548.

Guttentag, Daniel A.（2010）"Virtual Reality: Applications and Implications for Tourism,"
    Tourism Management, 31, 637-651.

Talwar, Shalini, Puneet Kaur, Octavio Escobar, and Sai Lan（2022）"Virtual Reality
    Tourism to Satisfy Wanderlust without Wandering: An Unconventional
    Innovation to Promote Sustainability," Journal of Business Research, 152, 128-
    143.

Ying, Tianyu, Jingyi Tang, Shun Ye, Xiaoyuan Tan, and Wei Wei（2022）"Virtual Reality
    in Destination Marketing:Telepresence, Social Presence, and Tourists' Visit
    Intentions," Journal of Travel Research, 61 （8）, 1738-1756.

日高洋祐・牧村和彦・井上岳一・井上佳三（2018）『MaaS モビリティ革命の先にある全
    産業のゲームチェンジ』日経BP.

―――（2020）『Beyond MaaS 日本から始まる新モビリティ革命――移動と都市の未来
    ――』日経BP.

毛利康秀（2022）「バーチャルツーリズム（オンラインツアー）概念の再検討――新型コ
    ロナウイルス感染症（COVID-19）の流行以降を中心に――」『日本大学文理学部
    情報科学研究所　年次研究報告書』22，1-12頁.

Whim HP〈https://whimapp.com/helsinki/en/〉2023年1月30日アクセス.

WILLER HP「ワンマイル交通」〈https://www.willer.co.jp/business/maas/〉2023年4月
    23日アクセス.

ANA HP「Universal MaaS　～車いすユーザー向け移動支援サービス『一括サポート手配』
    の 実 現 に 向 け て ～」〈https://www.ana.co.jp/ja/jp/brand/ana-future-promise/
    human-rights/2022-03-22-01/〉2023年4月23日アクセス.

HIS HP「オンライン体験 見放題サービスIKU×MIRU（イクミル）」〈https://www.his-j.
    com/oe/〉2023年2月22日アクセス.

HIS（2022）ニュースリリース「REALITYにバーチャル支店『HISトラベルワールド』を設立――メタバース事業へ参入し更なるブランド価値の向上へ」〈https://www.his.co.jp/news/12493.html〉2023年 2 月22日アクセス.

国土交通省（2022）「令和 4 年度 日本版MaaS推進・支援事業　6 事業について」〈https://www.mlit.go.jp/report/press/content/001490817.pdf〉2023年 1 月30日アクセス.

国土交通省 HP「総合政策：新モビリティサービスの推進」〈https://www.mlit.go.jp/sogoseisaku/transport/sosei_transport_tk_000193.html〉2023年 1 月30日アクセス.

斉藤智美（2022）「DXを活用したバーチャルツアーを呼び水とする旅行意向の喚起：大規模イベントとの連動とツアーホストのモチベーション強化が成功のカギに」〈https://www.mizuho-rt.co.jp/publication/report/2022/virtualtour2203.html〉2023年 2 月22日アクセス.

JTB（2021）ニュースリリース「国内初の環境配慮型・観光MaaS『NIKKO MaaS』が10月28日（木）サービス開始!」〈https://www.jtbcorp.jp/jp/newsroom/2021/09/maasnikko-maas-1028.html〉2023年 1 月30日アクセス).

JTB（2022）ニュースリリース「『道頓堀XRパーク』スマートフォンを活用した新たな道頓堀の観光体験　3 月18日（金）から実証実験を開始」〈https://www.jtbcorp.jp/jp/newsroom/2022/03/dotonborixrpark.html〉2023年 2 月22日アクセス.

JTB+BÓKUN HP「【事例】MaaSとは？　図解でわかりやすく解説！活用事例もご紹介」〈https://www.jtbbokun.jp/column/22040601〉2023年 1 月30日アクセス.

JAL HP「JAL MaaS」〈https://www.jal.co.jp/jp/ja/relations/jalmaas/info/〉2023年 4 月23日.

Super City/Smart City Osaka HP「株式会社JTB」〈https://www.supercitysmartcity.com/2020/sponsor/jtb.html〉2023年 1 月30日アクセス.

東急（2022）ニュースリリース「2022年11月，伊豆エリアの観光・ワーケーションなどに対応したデジタルサービス『伊豆navi』がスタートします！　〜地域の皆さまとともに進化を続け，伊豆の活性化に貢献するデジタルサービスへ〜」〈https://www.tokyu.co.jp/company/news/list/Pid=post_451.html〉2023年 1 月30日アクセス.

都市と地方の新たなモビリティサービス懇談会（2019）「中間とりまとめ」〈https://www.mlit.go.jp/common/001279833.pdf〉2023年 1 月30日アクセス.

日本政策投資銀行（2021）「観光地型MaaSの現状と課題――新常態における"観光立国"関西の飛躍に向けて――」〈https://www.dbj.jp/upload/investigate/docs/dd 6 dafbee 6 d 5 a31f 4 e967fe854d 4 be73_2.pdf〉2023年 1 月30日アクセス.

みずほリサーチ＆テクノロジーズ（2022）「第 5 回交通分野におけるデータ連携の高度化に向けた検討会――利用者アンケート結果概要（速報値）――」〈https://www.mlit.go.jp/sogoseisaku/transport/content/001469978.pdf〉2023年 1 月30日アクセス.

索　　引

執筆者紹介

福本 賢太（ふくもと けんた）〈編者・第1章・第4章〉
同志社大学大学院総合政策科学研究科博士前期課程修了，修士（政策科学，同志社大学），和歌山大学大学院観光学研究科単位取得退学.
JTB在籍後，神戸夙川学院大学観光文化学部教授，追手門学院大学社会学部教授を経て，現在は阪南大学国際観光学部教授.
『現代の観光事業』共著，ミネルヴァ書房，2009年.『ひろがる観光のフィールド』共著，晃洋書房，2020年.『改訂版 変化する旅行ビジネス』共著，文理閣，2021年.

廣岡 裕一（ひろおか ゆういち）〈第2章〉
立命館大学大学院経営学研究科博士前期課程，立命館大学大学院政策科学研究科博士後期課程修了，博士（政策科学，立命館大学）.
旅行会社，学校法人森谷学園，和歌山大学観光学部教授，京都外国語大学国際貢献学部教授を経て，現在は和歌山大学非常勤講師.
『旅行取引論』単著，晃洋書房，2007年.『旅行業務取扱管理者試験の分析』単著，文理閣，2020年.『改訂版 変化する旅行ビジネス』編著，文理閣，2021年他.

小林 弘二（こばやし こうじ）〈第3章〉
同志社大学大学院総合政策科学研究科博士後期課程修了，博士（政策科学，同志社大学）.
阪急交通社在籍後，琉球大学法文学部教授，阪南大学大学院企業情報研究科教授・国際観光学部教授を経て，現在は関西国際大学国際コミュニケーション学部教授.
『旅行ビジネスの本質』単著，晃洋書房，2007年.『ひろがる観光のフィールド』共著，晃洋書房，2020年.『改訂版 変化する旅行ビジネス』編著，文理閣，2021年.

福井 弘幸（ふくい ひろゆき）〈第5章〉
大阪市立大学［現：大阪公立大学］創造都市研究科修士課程修了，修士（都市ビジネス，大阪市立大学）
JTB在籍を経て，現在は京都橘大学現代ビジネス学部，経済学部准教授.
『これからの観光を考える』編著，晃洋書房，2017年.『ひろがる観光のフィールド』編著，晃洋書房，2020年.

潮 亨（うしお とおる）〈第6章〉
早稲田大学大学院経営管理研究科修士課程終了（経営管理，早稲田大学）.
JTB在籍中，阪南大学国際観光学部客員講師.

香月 義之（かつき よしゆき）〈第7章〉
同志社大学大学院総合政策科学研究科博士一貫課程修了，博士（技術・革新的経営，同志社大学）.
JTB在籍中に姫路観光コンベンションビューロー，海の京都DMOなど観光振興団体での勤務を経て，現在は和歌山大学大学院観光学研究科教授.

西村 典芳（にしむら のりよし）〈第 8 章〉
日本大学大学院総合社会情報研究科人間科学専攻修了，修士（人間科学，日本大学），和歌山県立医科大学大学院医学研究科単位取得満期退学．
旅行会社，神戸夙川学院大学観光文化学部教授，神戸山手大学現代社会学部教授，関西国際大学現代社会学部教授を経て，現在は流通科学大学人間社会学部教授．
『ヘルスツーリズムによる地方創生』単著，カナリアコミュニケーションズ，2016年．『温泉・森林浴と健康——自然の癒しから未病予防医学へ——』共著，大修館書店，2019年．『ウエルネスツーリズムによる地方創生』単著，カナリアコミュニケーションズ，2022年．

田中 祥司（たなか しょうじ）〈編者・第 9 章〉
関西学院大学大学院経営戦略研究科専門職学位課程経営戦略専攻修了，早稲田大学大学院商学研究科博士後期課程商学専攻修了，博士（商学，早稲田大学）．
JTB在籍後，神戸夙川学院大学観光文化学部講師，神戸山手大学現代社会学部講師を経て，現在は摂南大学経営学部准教授．
「ブランドの「本物感」を構成する要素の測定」共著，『流通研究（レター論文特集号）』第19巻第 1 号，2016年．「旅行者の記憶研究の系譜と課題」第 8 章，『サービスと消費者行動』共著，千倉書房，2020年．

観光ビジネスの新展開
——未来を切り拓く旅行会社——

2024年2月10日　初版第1刷発行	＊定価はカバーに表示してあります

編著者	福　本　賢　太　©		
	田　中　祥　司		
発行者	萩　原　淳　平		
印刷者	河　野　俊一郎		

発行所　株式会社　晃　洋　書　房

〒615-0026　京都市右京区西院北矢掛町7番地
電話　075(312)0788番(代)
振替口座　01040-6-32280

装幀　HON DESIGN（北尾崇）　　　印刷・製本　西濃印刷㈱
ISBN 978-4-7710-3793-9